朝つめるだけ！ ラクラクお弁当おかず 196

松村眞由子

ⓘ池田書店

はじめに

ひと口残せば
お弁当のおかず

「今日のお弁当は何かな？」
子どものころのお弁当を開けるときのトキメキは、大人になった今も変わりません。自分でつくっているのに……お弁当って不思議。なんだかホッとして、やさしい気持になれます。

でも毎日は面倒だし、朝は忙しい！　だから、朝の面倒なこと、大変なことを取り除きましょう。

夕食のおかずを多めにつくったり、常備菜としても役立つものを休日につくりおき。すでにできているおかずがあれば、朝はつめるだけ。ほんの10分でお弁当の完成です！

お弁当生活を続けるコツは、「おかずは最低３品なきゃ」など“must”を決めないこと。昨日のカレーや朝食のサラダがおかずでもOK！
「ひと口残せばお弁当のおかず」と思って、おおらかに構えることが大切です。

今回のレシピはお弁当だけでなく、夕食のおかずとしてもおいしく、手軽につくっていただける料理が中心。「これもアリ!?」という変化球のお弁当もご紹介しています。

お弁当ビギナーはもちろん、脱マンネリを願うベテランの方も必見！

本書によって、お弁当生活をもっともっと楽しんで、おいしい笑顔をたくさん増やしていただけたら幸いです。

松村眞由子

お弁当生活
3つのすすめ

1

朝はつめるだけ、バタバタしない

時間のない朝に、お弁当を1からつくるのは大変です。そこでおすすめなのが、「つくりおき」。時間のある週末や夜に調理しておけば、朝はつめるだけ。ものの10分でおいしいお弁当が完成します。

2

夕ごはんの取りおきも、お弁当のおかず

お弁当だからって、構えることはありません。汁物や生ものなどに注意すれば、ふだんつくっている夕ごはんのメニューと同じでいいんです。「夕ごはん、ひと口残せばお弁当のおかず」そんなつもりで気楽に、お弁当のおかずをそろえましょう。

3

毎日が楽ちん、ときどき手抜き!

この本では、メイン＋サブ2品のおかずを基本のお弁当としています。とはいえ、おかずを3品そろえられない日もあるでしょう。それもOK!
ど～んとおかず1品のどんぶりでも、おにぎりだけでもいいんです。そんな日のレシピも紹介していますのでご参考までに。
毎日のお弁当づくりがしんどくならないよう、なるべく簡単なレシピをそろえました。

おかずは3品が基本だけど

1品だっていい

2品だって

おにぎりだってお弁当だーい!

おかずづくりから
「お弁当」になるまで

1
おかずをつくる

時間のある夜や休日に、おかずをつくります。このとき、アレンジなどを活用していろいろな味わいのおかずをつくっておくと、後でおかずを組み合わせるときにやりくりしやすくなります。

2
食べる・保存する

できたおかずは、冷蔵または冷凍で保存します（もちろん、一部を夕飯に食べてもOK!）。翌日〜3日後に使う分を冷蔵に、もっと後に使う分を冷凍にしましょう。つくりおきによる「食べなきゃノルマ」が発生しないよう、冷凍を上手に活用しましょう。

3
お弁当箱につめる

朝、いよいよおかずをお弁当箱につめます。冷蔵庫で出番を待つおかずたちのなかから、味やいろどりのバランスをみながら今日のおかずを決めていきます。
「その日の気分で食べたいもの」が選ぶポイントですが、もし「そろそろ食べたほうがいいもの」があれば、そのおかずを優先しましょう。バランスよくつめれば、お弁当の完成です！
おかずのつめ方 ➡ P.23

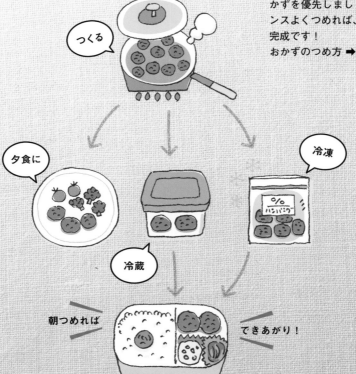

5

朝つめるだけ！
ラクラクお弁当おかず196

もくじ

おなか満足！

第1章 ‖ メインのおかず

野菜
たっぷり！

第3章 ‖ さっぱりサブ

第4章 ‖ 1品弁当・ごはんもの・汁もの

第5章 ‖ スープジャー弁当

本書の特徴と使い方

夕飯にも使える！3ステップ中心の簡単レシピ

本書のつくりおきおかずのレシピは、お弁当はもちろん、ふだんの夕飯にも使えるレシピとなっています。また味つけの変化や調理のコツなども加え、毎日の食事づくりがおいしく、ラクになるような情報を満載しています。

memo =おいしく食べるための工夫や調理のコツ・ポイント
アレンジ =材料の代用品や、食べ方の工夫、味つけの変化

保存期間について

●レシピ名の横に 4〜5日 で冷蔵の保存期間を表記しています。ただし、表記の期間はあくまでも目安です。冷蔵庫の開け閉めの頻度やつくった環境、季節によっても異なります。少しでもおかしいと感じたら廃棄してください。
●「冷凍可」としているレシピも、1か月を目安に食べきりましょう。

材料・分量表記について

●レシピの材料は、おいしくつくるための目安です。材料がないときはほかのもので代用するなど、自分なりの工夫をしてレパートリーを広げてください。
●ひとつのお弁当箱につめる量を「1食分」としています。お弁当箱の大きさによって入る量は異なるので、あくまでも目安として調節してください。
●材料はすべて、廃棄量を含んだ分量を表記しています。
●計量は1カップ200㎖、大さじ1は15㎖、小さじ1は5㎖です。米の分量に表記している米用カップ1は180㎖です。

調味料について

●砂糖は上白糖、塩は自然塩、しょうゆは濃い口しょうゆ、みそは一般的なみそ、酢は米酢を使用しています。
●「だし」は昆布とけずりがつお、またはけずりがつおのみでとった「和風だし」のことです。詳しいだしのとり方はP.176をご参照ください。インスタントの「和風だしの素」を希釈しても代用できます。
●「スープの素」は、分量を個数で表記しているものはコンソメ味の固形タイプを使用しています。小さじで表記しているものは顆粒タイプです。コンソメ味と中華だしがありますが、料理に合わせて、お好みのものをお使いください。固形1個は4〜5g、顆粒小さじ1は約2.7gで、同じように使えます。

調理について

●大根やにんじん、しょうがなど一般的に皮をむく食材は、「皮をむく」という表記を省略しています。
●火加減を表記していない場合は基本的に中火です。煮物などの弱火は、煮汁がふつふつと沸騰している状態を保つよう、調節してください。また、表記している加熱時間は沸騰してからのものです。
●電子レンジの加熱時間は600Wを基準にしています。500Wの場合は1.2倍、700Wの場合は0.8倍の時間にしてください。加熱時間は電子レンジの機種によって差があるので、様子を見ながら加熱してください。

メインとサブを組み合わせてつくる!

本書の構成 MAP

この本では、お弁当のパーツを「メインのおかず」「こくうまサブ」
「さっぱりサブ」に分けて紹介します。3つのおかずを組み合わせれば、
あら不思議。栄養・いろどり・味わいのバランスがとれた、おいしいお
弁当ができあがります。
さらに、つくりおきがない日やマンネリ脱却におすすめの「1品弁当・
ごはんもの・汁もの」と「スープジャー弁当」も紹介しています。

メインのおかず ➡ 第1章／P.25〜

 おなか満足！

●肉や魚、卵を使った、お弁当の主役

ボリュームのある、その日のお弁当の顔になるおかずです。人気メニューは、つくりおきでも飽きがこないようにアレンジレシピを掲載しました。たくさんつくってお弁当や夕飯のおかずに、残りをアレンジして別の日のお弁当に、という使い方が楽しめます。

こくうまサブ ➡ 第2章／P.85〜

 まみっかり！

●ごはんがススムしっかりした味つけ

甘辛しょうゆの煮込みや、マヨネーズ味のサラダなど、こく・うまみを感じる副菜です。肉を使ったメニューは食べごたえがあり、メインにボリュームが足りないときの調整役としても活躍します。

さっぱりサブ ➡ 第3章／P.115〜

 野菜っぷり！

●シャキシャキ食感とさわやかな酸味

酢の物やフレンチドレッシングのサラダなど、歯ざわりのいいさっぱりした味つけの副菜です。お弁当の味わいに変化をつけ、メインやこくうまサブを引き立てます。ひと口、ふた口分の存在が光る、野菜もしっかりとれるおかずです。

1品弁当・ ごはんもの・ 汁もの
➡ 第4章／P.141〜

 1品で完成！

スープジャー弁当
➡ 第5章／P.163〜

 あつあつおいしい！

つくりおきおかずがない日も、これさえつくればOKというサンドイッチ、めん類、どんぶりのほか、朝に用意すればランチタイムには食べ頃になるスープジャー弁当も紹介します。

カンタン！ 2品お弁当 メインとサブの組み合わせ例

初心者はここからスタート！

牛肉のしぐれ煮

メイン

→P.48

牛肉をこっくり濃いめの味で煮たしぐれ煮は、材料が少なく、日持ちがよく、応用しやすい煮物です。酢がきいてさっぱりした甘酢漬けやサラダと組み合わせれば、味のバランスもよく、野菜もしっかりとれます。

代わりにこのメインでも！　しぐれ煮すき焼き風(P.49)

さっぱりサブ

→P.118

いろどり野菜の甘酢漬け

or

さっぱりサブ

→P.123

キャベツとかぶの梅サラダ

かんたん煮豚

メイン

→P.28

豚のとんかつ肉やもも肉はどこでも手に入り、扱いやすい食材です。お弁当に入れても脂が固まりにくいのでおいしく食べられます。シャキシャキしたもやしサラダやほっくりした豆サラダと組み合わせると、食感も楽しめ食べ飽きません。

代わりにこのメインでも！　塩麹ゆで豚(P.33)

さっぱりサブ

→P.134

もやしサラダ

or

さっぱりサブ

→P.138

豆のカラフルサラダ

まずはお弁当生活初心者の方のために、カンタンにできるメインとサブ2品の組み合わせをご紹介します。少ない材料で手軽につくれる肉、魚、卵メインのおかず8種類の組み合わせです。

鶏のから揚げ

メイン

→P.36

さっぱりサブ

→P.122

キャベツの塩麹漬け

or

こくうまサブ

→P.91

かぼちゃのほっくり甘煮

定番鶏のから揚げは入っているとうれしいおかず。たくさんつくっていろんな料理に味変しましょう。キャベツの塩麹漬けは、胃の調子を整えるので油っぽい料理にぴったり。多めに入れちゃいましょう。かぼちゃは抗酸化ビタミンA、C、Eが多く、免疫力も高まります。

代わりにこのメインでも！ 鶏からの南蛮漬け（P.37）

鶏のふっくら照り焼き

メイン

→P.41

こくうまサブ

→P.96

サイコロポテトサラダ

or

さっぱりサブ

→P.131

ブロッコリーの浅漬け風

冷めてもおいしい照り焼きは、ごはんにドンとのせてどんぶり風でも◎。タレもしっかりかけましょう。いろいろな野菜が入ったポテトサラダや、単品でほぼすべてのビタミンがとれるブロッコリーと組み合わせれば、栄養バランスもOK。

代わりにこのメインでも！ 鶏肉と玉ねぎの串焼き（P.38）

鮭のゆず風味焼き

メイン

→P.68

こくうまサブ

→P.99

玉ねぎと豚肉のわさびマヨネーズあえ

or

こくうまサブ

→P.89

ごぼうと豚肉の煮物

お弁当の定番鮭は手頃な値段で手に入り、味や衣を変え
たり、焼く、揚げるなど調理法を変えてアレンジしやす
い食材です。焼くとボリューム不足を感じやすいので、
お肉が少し入ったサブと組み合わせると満足感がアップ
します。

（代わりにこのメインでも！） 鮭のごま揚げ（P.69）

アスパラとじゃがいものベーコン焼き

メイン

→P.66

こくうまサブ

→P.101

にんじんスープグラッセ

or

さっぱりサブ

→P.129

にんじんサラダ

ひと口サイズで食べやすいベーコン巻きは、野菜とたん
ぱく質が一緒にとれ、野菜次第で変化をつけやすいおか
ず。手でつまんで口に入れやすいのも便利です。抗酸化
力のあるにんじんのカロテンは、ベーコンなどの油分と
一緒にとると体に吸収されやすくなりますよ。

（代わりにこのメインでも！） 白身魚とブロッコリーのチーズ焼き（P.75）

卵焼き

メイン

→P.83、84

こくうまサブ

→P.105

キャベツとツナのみそ炒め

or

こくうまサブ

→P.94

じゃがいもと豚肉のオイスター炒め

きほんの卵焼きは、混ぜる具で味も見た目も変わり、毎日食べても飽きないベスト・ザ・お弁当のおかず。魚や肉とたっぷりの野菜でつくったおかずと組み合わせれば、満足感もアップ。卵焼きはやさしい味なので、味が濃いめの炒め物との相性も抜群です。

代わりにこのメインでも！ しょうゆ煮卵（P.79）

目玉焼きのわさびしょうゆ

メイン

→P.81

こくうまサブ

→P.105

ピーマンとさつま揚げのソース炒め

or

こくうまサブ

→P.106

マカロニサラダ

目玉焼きがおかず？もちろんです！黄身がやわらかめなら、ごはんにのせてトロ〜リもおいしいですよ。わさびしょうゆの代わりにケチャップを添えても◎。具だくさんのソース炒めやマカロニサラダで野菜もとれ、食べ飽きません。

代わりにこのメインでも！ ハムチーズオムレツ（P.82）

オススメ！ 3品お弁当 メインとサブの組み合わせ例

メイン＋サブ2種で栄養バランスも◎！

ふっくら煮込みハンバーグ

メイン

→P.60

こくうまサブ

→P.111

コーンピカタ風

and

さっぱりサブ

→P.134

れんこんとハムのサラダ

煮込みハンバーグは、冷めてもパサつきにくく、食べやすいおかず。コーンの甘みたっぷりのピカタもハンバーグソースによく合います。シャキシャキのれんこんで食感の違いが楽しめ、さっぱりドレッシングが味のバランスも整えてくれます。

（ 代わりにこのメインでも！ ） ピーマンの肉づめ焼き（P.63）

鮭とかぶのバター炒め

メイン

→P.70

こくうまサブ

→P.87

れんこんのもっちり焼き

and

さっぱりサブ

→P.128

玉ねぎのカレーピクルス

鮭のアスタキサンチンは目の疲れや疲労回復によい成分。脂溶性なので、炒めたり、もっちり焼きのように油を使う料理と一緒にとると吸収がよくなります。また、玉ねぎの硫化アリルは鮭に多いビタミンB_1の吸収を高めるため、さらに疲労回復に役立つ組み合わせです。

（ 代わりにこのメインでも！ ） かつおの粒マスタードソテー（P.71）

本格的なお弁当をつくりたい方のために、彩りも鮮やかなメイン＋サブ2種＝3品の組み合わせをご紹介します。つくりおきおかずが大活躍する、栄養バランスも考えた10種類の組み合わせです。

鶏肉ときゅうりのレモン風味

メイン

→P.39

こくうまサブ

→P.111

ひと口がんもと野菜の煮物

and

こくうまサブ

さっぱりサブ

→P.137

きゅうりを炒める？と思いがちですが、冷蔵庫にいつもある緑の野菜はとても便利。種の部分を取り除けばシャキッと食べられます。がんもどきの煮物でボリュームをアップ。しょうががアクセントのあえ物は、体を温め、食欲増進に役立ちます。

しめじとわかめのしょうがあえ

（ 代わりにこのメインでも！ ） 鶏むね肉のレンジ蒸し香味漬け(P.43)

鶏手羽と里いもの照り煮

メイン

→P.45

こくうまサブ

→P.103

きゅうりのみそ漬け

and

さっぱりサブ

→P.139

手羽肉と里いもの煮物はこっくり味で食べごたえもあるおかず。お肌プルプルにつながるコラーゲンもたっぷり。きゅうりや青菜のビタミンCがコラーゲンの生成を助けるので、一緒にとりたい組み合わせです。傷みやすいきゅうりは、みそに漬けると日持ちします。

（ 代わりにこのメインでも！ ） 鶏手羽のやわらか煮(P.47)

青菜七変化

ぶりの照り焼き

メイン

→P.71

甘辛いぶりの照り焼きには、かんきつを使ってさっぱり煮たかぼちゃがよく合います。歯ざわりのよいごぼうのサラダにはパプリカも入っているので、オレンジ、黄、赤、緑とカラフルで、食欲をそそります。色の取り合わせもお弁当では大切です。

(代わりにこのメインでも！) かじきのバターしょうゆ炒め（P.73）

こくうまサブ

→P.92

かぼちゃのさわやか煮

さっぱりサブ

→P.121

ごぼうのシャキシャキサラダ

豚肉のみそ漬け

メイン

→P.29

豚のみそ漬けは漬けておくだけ、いつでも使える便利なおかず。こっくりみそ味なので、さっぱり甘いレモン煮や、甘酢とカニカマのうま味たっぷりのひじきと組み合わせると味のバランスもよく、肉には含まれない食物繊維がしっかりとれます。

(代わりにこのメインでも！) コーンたっぷりつくね（P.65）

こくうまサブ

→P.93

さつまいものレモン煮

さっぱりサブ

→P.136

ひじきのさっぱりあえ

たっぷりきのこのオムレツ風

メイン

→P.78

ローカロリーで安価なきのこと、お財布の救世主、卵とのマッチング。ローコストでボリュームの出るおかずです。カレー風味のオクラとマヨネーズで炒めたシャキシャキごぼうが卵の淡白感を補ってくれます。

(代わりにこのメインでも！) スパニッシュオムレツ (P.82)

こくうまサブ

→P.101

オクラのカレー煮

and

さっぱりサブ

→P.121

ごぼうのマヨネーズ炒め

サクふわ鶏天ゆず風味

メイン

→P.46

鶏むね肉は安くてヘルシーですが、パサつきやすい食材。でも揚げ物なら衣に包まれるのでふっくらと食べられます。しっとりとした煮物と歯ごたえのよいきゅうりで食感もバラエティー豊かに。揚げ物の油っぽさも甘酢で解消されます。

(代わりにこのメインでも！) さばの竜田揚げ (P.74)

こくうまサブ

→P.108

切り干し大根の煮物

and

さっぱりサブ

→P.117

きゅうりの甘酢漬け

やわらかポークソテー

 メイン

→P.35

豚肉やセロリにも含まれるビタミンB群。とくにB₁は糖質をエネルギーに変える際に欠かせないビタミンで、疲労回復に効果があります。また、しらすのカルシウムやセロリに含まれる香り成分は神経をおだやかにする効果があるので、疲れた体と心を回復させる組み合わせです。

（ 代わりにこのメインでも！ ） お手軽ロールキャベツカレー風味（P.29）

こくうまサブ

→P.95

じゃがいもとしらすのカリカリ焼き

and

さっぱりサブ

→P.123

セロリのからしあえ

牛肉とかぼちゃのオイスター炒め

メイン

→P.50

オイスターソースで炒めた牛肉とかぼちゃは、しっかり味でごはんのすすむおかず。かぼちゃはビタミン類が多く、腹持ちもよい野菜です。ヘルシーなきのことさっぱりした白菜をたっぷり合わせれば、味もボリュームもバランスのよい組み合わせになります。

（ 代わりにこのメインでも！ ） カラフル野菜の豚ロール（P.32）

こくうまサブ

→P.109

きのこの当座煮

and

さっぱりサブ

→P.133

白菜の中国風甘酢漬け

おいしく安全な
おかずのつめ方

ごはんとおかずをバランスよくつめれば、見た目にもおいしい栄養満点のお弁当ができあがります。お弁当を安全につめるには、おかずの温度差をなくすことがポイントです。

1 ごはんをつめる

お弁当の½のスペースに温かいごはんをつめる。ごはんやおかずに温度差があると傷みやすくなるので、蓋は開けたまま冷ましておく。

2 おかずを再加熱する

食べる分のおかずを皿に広げ、電子レンジで加熱した後、よく冷ます。サラダなど火にかけないおかずは常温にもどし、おかず同士の温度をそろえる。

3 メインをつめる

お弁当の残り½のスペースに、メインのおかずをつめる。汁物はよく水気をきる。味が移りやすいものはラップに包んだり、カップに入れると◎。

4 サブを1品つめる

残りのスペースに、サブのおかずを1品つめる。2品のサブのうち、具の大きいもの、形のはっきりしたものから先に。

5 残りのサブをつめ、ごはんをかざる

空いたスペースに残りのサブをつめる。ごはんに梅干しやごま、ふりかけなどを飾ってできあがり。

温めは
しっかりと！

つくりおきおかずは朝つめるまえに再加熱して、食中毒を予防する。ただし、中途半端な加熱ではかえって菌の増殖を招くことも。電子レンジで加熱するときはムラがないよう途中でかき混ぜるなど、しっかり中まで温める。

第1章

おなか
満足！

メインのおかず

肉・魚介・卵を使ったおかずを紹介します。

アレンジレシピをつくる場合

ベースになるおかずを多めに準備しておけば

ひとつの手間で複数の味が楽しめます。

豚肉

❄冷凍可　4〜5日

材料（3〜4食分）

豚肩ロース薄切り肉………250
┌ しょうゆ……………大さじ
│ みりん……………大さじ1
Ⓐ しょうが（すりおろし）
│ ………………………1かけ
└ 片栗粉……………小さじ
玉ねぎ………………………¼
サラダ油……………大さじ1

片栗粉で豚肉のやわらかさをキー
プ。時間が経ってもおいしく食べ
られる。

豚肉のしょうが焼き

1 豚肉は5〜6cm長さに切り、Ⓐ
　に漬けて約10分おく。

2 玉ねぎは5mm厚さに切る。

3 フライパンに油を熱し、玉ねぎ、
　肉を焼く。

memo◁

豚肩ロースは適度に脂があるので、
冷めてもかたくなりにくい。

`4〜5日`

しそ巻きしょうが焼き

材料（3〜4食分）

豚肩ロース薄切り肉……250g
しょうゆ……………大さじ1
みりん……………大さじ½
Ⓐ しょうが（すりおろし）
……………………… 1かけ分
片栗粉…………………小さじ1

青じそ ……………………… 20枚
サラダ油………………… 大さじ½

★P.26 豚肉のしょうが焼きのアレンジ

1 豚肉は5〜6cm長さに切り、Ⓐに漬けて約10分おく。

2 青じそは軸を切る。肉を2〜3枚つなげて広げ、青じそをのせて端から巻く。

3 フライパンに油を熱し、②の巻き終わりを下にして入れる。転がしながら4〜5分焼き、中まで火を通す。

4 2cm幅に切る。

memo

①まではP.26と同じなので、豚肉を倍量（500g）仕込んでおき、半量をしそ巻きにアレンジしても。

`4〜5日`

ピリ辛しょうが焼き

材料（3〜4食分）

豚肩ロース薄切り肉……250g
しょうゆ……………大さじ1
みりん……………大さじ½
Ⓐ しょうが（すりおろし）
……………………… 1かけ分
片栗粉…………………小さじ1

エリンギ…………………… 1袋
豆板醤 …………………小さじ½
ごま油…………………大さじ½

★P.26 豚肉のしょうが焼きのアレンジ

1 豚肉は5〜6cm長さに切り、Ⓐに漬けて約10分おく。

2 エリンギは7〜8cm長さ、1cm角の棒状に切る。

3 ②を芯にして肉で巻く。

4 フライパンにごま油を熱し、③の巻き終わりを下にして入れる。肉に火が通ったら、豆板醤を加えて全体に味をからませる。

5 半分の長さに切る。

memo

①まではP.26と同じなので、豚肉を倍量（500g）仕込んでおき、半量をピリ辛にアレンジしても。

(❄ 冷凍可) (5〜6日)

かんたん煮豚

材料 (3〜4食分)

豚肩ロース肉 (とんかつ用)
………………… 2枚(250g)

A
- 水………………… 2カップ
- 長ねぎ(青い部分)…… 1本分
- しょうが………………… 1かけ

B
- 砂糖………………… 大さじ1½
- 酒、酢、しょうゆ‥各大さじ1

1 豚肉はスジを切る。

2 鍋に A、肉を入れて強火にかける。沸騰したらアクを取り、落し蓋をして弱火で約20分煮る。

3 ねぎとしょうがを取り出し、B を加える。落し蓋をし、さらに約20分煮る。

4 落し蓋を取り、強火にして煮汁が少なくなるまで煮る。粗熱がとれたらひと口大に切る。

memo ◁
かたまり肉ではないので短時間で手軽にできる。

(アレンジ)
ラーメンやチャーハンの具としても役立つ。

豚肉のみそ漬け

材料（3～4食分）

- 豚ロース肉………… 2枚(250g)
- Ⓐ
  - みそ……………………………120g
  - 砂糖…………………… 大さじ2
  - みりん、酒………… 各大さじ1
- ししとうがらし……………… 8本
- サラダ油…………………小さじ1

1 豚肉はスジを切る。

2 Ⓐを合わせ、肉の表面にぬって重ね、1時間以上おく。

3 ししとうは包丁で切り込みを入れる。

4 フライパンに油を熱し、ししとうを焼いて取り出す。肉のみそをゴムべらなどで取り、弱めの中火で両面を3～4分ずつ焼く。

memo

②の段階でポリ袋に入れてしっかり口を締めれば、約1週間冷蔵保存できる。そのまま冷凍も可。みそは2回ほど使用可。グリルでも焼ける。焦げやすいので弱火で。焼いた後の肉も冷凍可。

お手軽ロールキャベツカレー風味

材料（8個分）

- 豚ロース肉(しゃぶしゃぶ用)……………………………………100g
- キャベツ………………………大4枚
- 玉ねぎ……………………………¼個
- 小麦粉………………… 小さじ2
- Ⓐ
  - 水………………………… 1カップ
  - スープの素…………小さじ½
  - ローリエ ……………………… 1枚
- Ⓑ
  - カレールー………………… 1皿分
  - しょうゆ……………小さじ1

1 キャベツは芯を取って、縦半分に切る。耐熱容器に入れ、ラップをかけて電子レンジで2～3分加熱する。玉ねぎは薄切りにする。

2 キャベツを広げて⅛量の豚肉を重ね、茶こしなどで小麦粉をふる。玉ねぎをのせ、キャベツの左右を折り込んで巻く。残りも同様に巻く。

3 鍋に②とⒶを入れ、落し蓋をして15～20分煮る。

4 Ⓑを加えてとろみがつくまで煮る。

memo

ひき肉より手間なくかんたん。超薄切り肉なのでやわらかくできる。

材料（3〜4食分）

豚肩ロース肉（とんかつ用）
　………………… 1枚（120g）
さつまいも……… 小1本（150g）
長ねぎ ………………………… 20㎝
ししとうがらし…………… 10本
Ⓐ ┌ 塩、こしょう…………… 各少々
　└ 片栗粉、酒……… 各大さじ½
Ⓑ ┌ 砂糖………………………… 大さじ½
　│ しょうゆ………………… 大さじ1
　│ 酢 ………………………… 大さじ3
　└ 赤とうがらし…………… 1本

アレンジ

Ⓑの南蛮酢は応用のきく合わせ調味料。豚肉を鶏肉やあじ、鮭に代えたり、野菜を長いもやかぼちゃにしてもおいしい。

5〜6日

豚肉とさつまいもの南蛮漬け

1 豚肉は1.5㎝幅に切り、Ⓐをもみ込む。さつまいもは1㎝厚さの輪切りか半月切りにし、水にさらして水気を拭く。長ねぎは2㎝長さに、ししとうはヘタをそろえ、包丁の先で穴をあける。

2 Ⓑの赤とうがらしは半分に切って種を取り、ほかの調味料と合わせる。

3 フライパンに¼カップ程度の油（分量外）を熱し、野菜を炒め揚げする。取り出し、肉を入れて同様に炒め揚げする。油をきって②に10分以上漬ける。

memo

さつまいもは切ったままにすると変色してしまいます。切ったらすぐに水につけ、水が濁らなくなるまで2〜3回水を変えるとアクが抜け、きれいな色に仕上がります。

3～4日

材料（3～4食分）

豚肩ロース薄切り肉	100g
長いも	15cm（200g）
長ねぎ	8cm
きくらげ	2g
しょうが	1かけ
赤とうがらし	½～1本
A 塩、こしょう	各少々
片栗粉、酒	各小さじ1
B 砂糖	小さじ1
しょうゆ、酒	各大さじ1
ごま油	大さじ½

memo◁

豚肉はどの部位でもOK。長いもは
生でも食べられるので、手早く炒め
たほうが食感が残っておいしい。

豚肉と長いものピリ辛炒め

豚肉は2cm幅に切り、Aをもみ
込む。
長いもは皮をむき、1cm厚さの
半月切りにする。ねぎは斜め切り
にする。きくらげはたっぷり
の水でもどし、かたい部分を
取ってひと口大にちぎる。
しょうがはせん切りに、赤とう
がらしは種を取り、小口切りに
する。

4 Bは合わせる。
5 フライパンに半量のごま油を熱
し、①を炒める。肉の色が変
わったら取り出す。
6 残りの油、③を入れて弱火にか
け、香りが出てきたら②を加え
て強火で炒める。
7 肉を戻し入れ、Bを加えて炒め
る。

きくらげの根元のかたい部分
は口に残るので、水でもどした
後に取っておく。

3〜4日

カラフル野菜の豚ロール

材料（8本分）

豚バラ肉……………………… 8枚
グリーンアスパラガス …… 4本
にんじん……………………… ½本
黄パプリカ …………………… ½個
Ⓐ ┌水………………… ¾カップ
　│オイスターソース…… 大さじ1
　│しょうゆ、みりん‥ 各大さじ½
　└スープの素………… 小さじ½
サラダ油……………………… 大さじ½

1 アスパラは根元のかたい皮を
  ピーラーでむいて、長さを半
  分に切る。にんじん、パプリ
  カは8㎜角の棒状に切る。

2 にんじん、アスパラ、パプリ
  カの順に熱湯に入れてゆで、
  8等分する。

3 豚肉を広げ②を芯にしてしっ
  かりと巻く。残りも同様に巻
  く。

4 フライパンに油を熱し、③の
  巻き終わりを下にして並べ、
  転がしながら全体に焦げ目を
  つける。

5 余分な油をペーパータオルな
  どで拭き、Ⓐを加える。落し
  蓋をして10〜15分、煮汁が
  少なくなるまで煮る。

アレンジ

野菜はさやいんげん、ピーマン、
じゃがいも、エリンギなどでも。

1 **A**を混ぜて豚肉を漬け、30分以上おく。
2 分量の水を沸かし、①をたれごと入れて4〜5分ゆでる。
3 ゆで汁につけたまま肉を冷ます。半分程度の厚さに切る。

memo

塩麹で豚肉のくさみが抜け、ふっくら食感になる。好みで梅肉だれ(P.182)や甜麺醤をつけてどうぞ。

アレンジ

ゆで汁に長ねぎなど入れて、スープとして飲んでもおいしい。

塩麹ゆで豚

料（5〜6切れ分）
もも肉(ひと口かつ用)‥250g
塩麹‥‥‥‥‥‥‥大さじ1½
長ねぎ(青い部分)‥‥‥1本分
しょうが‥‥‥‥‥‥1かけ
酒‥‥‥‥‥‥大さじ2
‥‥‥‥‥‥3カップ

❄冷凍可　5〜6日

1 豚肉は1cm厚さに切り、肉たたきなどで軽くたたく。塩、こしょうする。
2 卵は溶きほぐし、水と混ぜて卵水をつくる。別容器に**A**を混ぜる。
3 肉に小麦粉、卵水、**A**の順につける。
4 フライパンに半量の油を熱し、③を焼く。裏返し、残りの油を回し入れて火が通るまで4〜5分焼く。

memo

好みでケチャップをつけても。冷凍するなら③まで調理して冷凍し、当日焼くともっとおいしい。

アレンジ

揚げればとんかつに。もも肉でも。ハーブはパセリやローズマリーなどお好みで。

豚肉の香草パン粉焼き

料（8〜10切れ分）
ひれ肉(かたまり)‥‥‥‥250g　┌パン粉‥‥‥‥‥½カップ
‥‥‥‥‥‥小さじ⅓　**A**バジル(乾燥)‥‥小さじ1
しょう‥‥‥‥少々　└粉チーズ‥‥‥大さじ2
麦粉‥‥‥大さじ1½　サラダ油‥‥‥大さじ3
卵‥‥‥‥‥½個
水‥‥‥‥大さじ½

❄冷凍可　4〜5日

33

（4〜5日）

材料（3〜4食分）

豚肩ロース肉（とんかつ用）
……………………1枚（120g
大根……………10㎝（300g
グリーンアスパラガス …… 2本
しょうが……………… 1かⅠ
Ⓐ┌塩……………………小さじ⅟
 └酒、片栗粉……… 各小さじ1
 ┌水……………………¾カッフ
 │スープの素、砂糖
Ⓑ│　　　　　　各小さじ⅟
 │コチュジャン、みりん、酒
 └　　　　　　各大さじ1
ごま油…………………小さじ

memo◁▱▱

米のとぎ汁でゆでると大根の苦ｉ
やくさみが抜ける。味も染み込み
すくなり、ぐんとおいしさが増す。

豚肉と大根の韓国風コックリ煮

1 豚肉は2㎝角程度に切る。Ⓐ
　をもみ込む。
2 大根は小さめの乱切りにする。
　米のとぎ汁か米大さじ½（分
　量外）を入れた湯で5〜6分
　ゆで、ザルに取って洗う。ア
　スパラは根元を切り落とし、
　根元に近いかたい部分の皮を

　むき、3㎝長さの斜め切り、
　しょうがは薄切りにする。
3 鍋にごま油を熱し、豚肉を炒
　める。肉の色が変わったら大
　根、しょうがを入れる。Ⓑを
　入れ、沸騰したらアクを取る。
　落し蓋をして煮汁がほとんど
　なくなるまで15〜20分煮る。

4 アスパラを別の鍋に沸かした
　熱湯でさっとゆで、③に加え
　て混ぜる。

1 豚肉はスジを切り、ソースをもみ込む。小麦粉をつける。
2 玉ねぎは1cm幅のくし形切り、ピーマンは種を取り、1cm幅の輪切りにする。
3 フライパンに油大さじ½を熱し、玉ねぎ、ピーマンを炒め、塩、こしょうして取り出す。
4 大さじ1の油を加え、肉を両面焼く。Ⓐを加えて味をからめる。

❄冷凍可　4〜5日

やわらかポークソテー

memo

肉にソースを加えると、味がつくだけでなくやわらかくなる。ウスターやとんかつソースでもOK。肉は冷凍可。

料 （3〜4食分）

ロース肉（しょうが焼き用）……250g	塩、こしょう………各少々
濃ソース……大さじ1	┌水……大さじ2
麦粉……大さじ2	Ⓐケチャップ……大さじ1½
ねぎ……⅓個	└しょうゆ……小さじ1
ーマン……2個	サラダ油……大さじ1½

1 豚肉は5cm幅に切り、マヨネーズを混ぜる。
2 じゃがいもは皮をむき、5mm厚さの半月切りにする。玉ねぎは薄切りにする。全体に塩、こしょうする。
3 耐熱容器にじゃがいも（半量）、肉、玉ねぎの順に重ね、残りのじゃがいもを一番上にのせる。
4 ラップをかけ、電子レンジで5〜6分加熱する。ラップを取り、汁気をきる。パセリをふり、オーブントースターやグリルなどで焦げ目がつくまで5〜7分焼く。

❄冷凍可　4〜5日

豚肉とじゃがいものマヨ焼き

memo

マヨネーズで肉はしっとりやわらかくなる。

料 （3〜4食分）

もも薄切り肉……150g	パセリ（乾燥）……少々
ヨネーズ……大さじ1	
ゃがいも……2個	
ねぎ……¼個	
……小さじ⅓	
しょう……少々	

材料（3〜4食分）

鶏もも肉	1枚（250g）
┌塩	小さじ1/
│こしょう	少々
Ⓐ│酒、しょうゆ	各大さじ1/
└しょうが汁	小さじ1
片栗粉	大さじ2
ししとうがらし	8本
揚げ油	適量

鶏肉は、身の間や皮の裏側にあ
余分な脂を取るとおいしさが増
脂をつまみ、包丁でそぐようにt
り取る。

4〜5日

鶏のから揚げ

1 鶏肉は余分な脂を取り、ひと口
　大のそぎ切りにする。Ⓐをもみ
　込み、片栗粉をまぶす。

2 ししとうはヘタを切りそろえ、
　包丁で切り込みを入れる。

3 油を160℃に熱し、ししとうを
　さっと揚げる。さらに油を170℃
　にし、肉を3〜4分揚げる。

memo

肉は冷凍可。温め直しはレンジより
オーブントースターのほうがカリッ
とできる。

4〜5日

★P.36 鶏のから揚げのアレンジ

1 玉ねぎは1cm幅のくし形に切る。しいたけは軸を取り、ひと口大のそぎ切りにする。

2 フライパンに油を熱し、玉ねぎ、しいたけを炒める。

3 Ⓐをよく混ぜながら加え、とろみがつきはじめたら鶏のから揚げを加えて全体をからめる。

鶏からのケチャップあんからめ

材料（3〜4食分）

鶏のから揚げ（P.36、ししとう
を除く）……できあがりの全量
玉ねぎ ……………………… ¼個
しいたけ…………………… 2枚

┌ トマトケチャップ‥ 大さじ1½
│ 水………………………… ¼カップ
Ⓐ スープの素……… 小さじ½
│ 砂糖、片栗粉、しょうゆ
│ ………………… 各小さじ1
└ サラダ油………………… 小さじ1

4〜5日

★P.36 鶏のから揚げのアレンジ

1 にんじん、長ねぎ、しょうがはせん切りにする。赤とうがらしは種を取る。

2 Ⓐを合わせ、①と鶏のから揚げを加える。

memo

から揚げが温かいうちにⒶに加えると、味のしみ込みが良い。

鶏からの南蛮漬け

材料（3〜4食分）

鶏のから揚げ（P.36、ししとう
を除く）……できあがりの全量
にんじん………………… 4cm
長ねぎ …………………… 5cm
しょうが ………………… ½かけ
赤とうがらし ……………… ½本

┌ 砂糖………………… 大さじ½
Ⓐ しょうゆ…………… 大さじ1
└ 酢 ………………… 大さじ3

材料（8串分）

鶏もも肉·····················¹⁄₂枚
Ⓐ 塩、こしょう···············各少々
酒·····························小さじ2
玉ねぎ················小1個（150g）
ししとうがらし···············8本
粉山椒························小さじ¹⁄₈
塩·····························小さじ¹⁄₄
サラダ油···················大さじ¹⁄₂

（memo＜）

玉ねぎは皮ごとラップなしで加熱
OK。爪楊枝を刺すとき割れずに刺
しやすい。

2〜3日

鶏肉と玉ねぎの串焼き

1 鶏肉は8つに切り、玉ねぎは水
　で洗い、ラップをかけずに皮ご
　と電子レンジで約1分加熱する。
　皮をむき、8等分のくし形に切
　る。Ⓐを混ぜる。

2 爪楊枝に玉ねぎ、ししとう、鶏
　肉を刺す。

3 フライパンに油を熱し、②を焼
　く。焦げ目がついたら裏返し、
　蓋をして3〜4分蒸し焼きにす
　る。山椒、塩を混ぜ、全体にふる。

玉ねぎがバラバラにならないよう、
手で押さえながら刺す。

2～3日

材料（3～4食分）

鶏もも肉‥‥‥‥‥‥‥ ½枚（125g）
Ⓐ ┌ 塩、こしょう‥‥‥‥‥ 各少々
　└ 白ワイン‥‥‥‥‥‥‥ 大さじ½
きゅうり‥‥‥‥‥‥‥‥‥‥‥ 2本
玉ねぎ‥‥‥‥‥‥‥‥‥‥‥‥ ¼個
レモン‥‥‥‥‥‥‥‥‥‥‥‥ ½個
Ⓑ ┌ 塩‥‥‥‥‥‥‥‥‥‥ 小さじ⅓
　│ こしょう‥‥‥‥‥‥‥‥‥ 少々
　└ 白ワイン‥‥‥‥‥‥‥‥ 大さじ1
オリーブ油‥‥‥‥‥‥‥‥ 大さじ1

memo <

レモンは国産のものを使用すると、皮ごとおいしく食べられる。輸入品は皮をむいて使う。

鶏肉ときゅうりのレモン風味

1 鶏肉はひと口大に切り、Ⓐを混ぜる。

2 きゅうりは縦半分に切り、種の部分をスプーンなどで除く。1cm幅の斜め切りにする。塩小さじ¼（分量外）をして、約5分おき、水気をしぼる。

3 玉ねぎは1cm幅のくし形に切って長さを半分にし、レモンは5mm厚さのいちょう切りにする。

4 フライパンにオリーブ油を熱し、鶏肉を炒める。こんがりしたら、玉ねぎ、きゅうりを加えてさらに炒める。玉ねぎが透き通ってきたら、レモン、Ⓑを加え、2～3分炒める。

きゅうりの種を取り除くと水っぽくならない。グレープフルーツスプーンなど、先のとがったスプーンがあれば取りやすい。

4～5日

材料（3〜4食分）

鶏もも肉	1枚
A 塩	小さじ⅙
こしょう	少々
小麦粉	大さじ1½
にんにく	1片
玉ねぎ	¼個
なす	1個
パプリカ（黄）	½個
ホールトマト缶	½缶
B 白ワイン	¼カップ
スープの素	1個
塩	小さじ⅓
こしょう	少々
オリーブ油	大さじ2

memo <

ごはんのほか、パン、パスタにも合う。

鶏肉となすのトマト煮

1 鶏肉はひと口大に切り、**A**をまぶす。

2 にんにくはみじん切り、玉ねぎは2cm幅、長さを半分に切る。なす、パプリカは1.5cm角に切る。

3 鍋にオリーブ油を半量入れ、強火で肉をこんがりと焼いて取り出す。残りの油、にんにくを入れて弱火で炒める。香りが出たら玉ねぎ、なす、パプリカを入れ中火でしんなりするまで炒める。トマト缶を加え、つぶすように混ぜる。

4 肉、**B**を加え、約20分弱火で煮る。

1 鶏肉はひと口大に切る。しょう
　が、ねぎはみじん切りにする。
　肉に🅐をもみ込む。

2 玉ねぎは1.5㎝幅のくし形、ピ
　ーマンは2㎝幅、長さを半分に
　切り、しめじは小房に分ける。

3 フライパンにごま油を熱し、②
　を炒める。①、水を加え10〜15
　分煮る。

4〜5日

鶏肉と野菜のコチュジャン煮

材料（3〜4食分）

鶏もも肉	1枚	玉ねぎ	¼個
🅐 砂糖、みりん	各大さじ½	ピーマン	1個
コチュジャン、しょうゆ		しめじ	½パック
	各大さじ1	水	½カップ
しょうが	1かけ	ごま油	大さじ1
長ねぎ	5㎝		

❄冷凍可　**4〜5日**

1 鶏肉は皮に竹串などで穴をあけ、
　身に切り込みを入れる。1枚を
　半分に切り、🅐をふる。

2 フライパンに油を熱し、皮を下
　にして肉を焼く。焼き色がつい
　たら裏返し、火が通るまで4〜
　5分焼く。火を止め、ペーパー
　タオルで余分な油を拭き取る。
　🅑を加え、強火で煮汁がなくな
　るまで煮からめる。

3 粗熱がとれたら、1㎝幅のそぎ
　切りにする。

memo◀▭▭
冷めてから包丁を入れると切りやすい。

鶏のふっくら照り焼き

材料（3〜4食分）

鶏もも肉 ……………………… 1枚
🅐 塩 ………………………… 小さじ⅛
酒 ………………………… 大さじ½
🅑 砂糖、酒、みりん … 各大さじ½
しょうゆ ……………… 大さじ1
サラダ油 ………………… 大さじ½

🏻 冷凍可　4〜5日

とろ〜りチキングラタン

材料（3〜6食分）
鶏もも肉（1cm角切り）……1/2枚
Ⓐ 塩、こしょう……………各少々
　　白ワイン ……………大さじ1
玉ねぎ（みじん切り）……1/2個分
マッシュルーム（薄切り）
……………………1パック分
塩………………………小さじ1/6
こしょう………………………少々
マカロニ………………………50g
オリーブ油 …………大さじ1/2
バター …………………………20g
小麦粉………………… 大さじ2
牛乳………………………1カップ
ピザ用チーズ…………………30g

1 鶏肉はⒶで下味をつける。
2 マカロニは表示通りにゆでる
　（湯1ℓに塩小さじ1の割合で）。
3 オリーブ油で肉を炒める。色が
　変わったら玉ねぎ、マッシュ
　ルームを加えて炒める。塩、こ
　しょうして火を止め、②のマカ
　ロニを加える。
4 鍋にバターを溶かし、小麦粉を
　加え炒める。ルーがサラッとし
　たら牛乳を半量加えて混ぜる。
　とろみがついたら残りの牛乳を
　加え、3〜4分煮る。火を止め、
　③を混ぜる。
5 器に入れ、チーズをのせてオー
　ブントースターで4〜5分焼く。

memo
1回分ずつカップに入れておく
とすぐに使える。

アレンジ
鶏肉の代わりにえびやソーセー
ジでも。

冷凍可 ⋅ 4〜5日

鶏むね肉のレンジ蒸し香味漬け

料（3〜4食分）

鶏むね肉……………………… 1枚
しょうが……………………… 1かけ
塩……………………………… 小さじ1/6
酒……………………………… 大さじ2
酢……………………………… 大さじ11/2
しょうゆ、ごま油‥各大さじ1
砂糖…………………………… 少々
長ねぎ………………………… 5cm
しょうが……………………… 1かけ
赤とうがらし………………… 1/2本

1 鶏肉は厚い部分に切り込みを入
　れて開き、厚み を均等にする
　（→P.44参照）。しょうがは薄切
　りにする。

2 耐熱容器に肉、しょうがを入れ、
　Ⓐをふる。ラップをかけて電子
　レンジで約2分、裏返してさら
　に約2分加熱する。そのまま冷
　ます。

3 Ⓑのねぎ、しょうがはみじん切
　り、赤とうがらしは小口切りに
　し、調味料と合わせる。

4 ②の肉をひと口大に切り、Ⓑに
　15分以上漬ける。

memo <

漬けているのでパサつきにくく、時間
が経っても美味。

43

材料（3〜4食分）

鶏むね肉……………… 1枚（250g）
┌塩…………………… 小さじ⅙
Ⓐ酒…………………… 大さじ½
└片栗粉……………… 大さじ½
にんじん………………………½本
さやいんげん………………… 4本
┌砂糖、しょうゆ、みりん
Ⓑ ………………… 各大さじ1
└水………………… 大さじ2
サラダ油……………… 小さじ1

〔 アレンジ 〕

いんげんの代わりに、アスパラや
オクラでも。

❄冷凍可　3〜4日

チキンロール

1 鶏肉は身の厚い部分に切り込み
を入れて観音開きのように開き、
厚みを均一にする。Ⓐをふる。

2 にんじんは5cm長さの細切りに
し、塩少々（分量外）をして約5
分おき、水気をしぼる。いんげ
んはヘタを切り落とし、熱湯で
さっとゆでる。

3 鶏肉ににんじんを広げ、いんげ
んを並べる。端から巻き、たこ
糸を巻くか爪楊枝でとめる。

4 フライパンに油を熱し、とじめ
を下にして③を入れて蓋をして
焼く。ときどき転がし、全面に
焼き色がつくまで弱めの中火で
8〜10分蒸し焼きにする。

5 蓋を取り、Ⓑを加え、ときどき
転がして煮汁がなくなるまで中
火で煮からめる。粗熱がとれた
ら1cm厚さに切る。

鶏むね肉は厚い部分に斜めに
包丁を入れて、削ぐように開く

memo ◀▭

③のとき、広げた鶏肉の手前／
向こうを少し残して、にんじ／
といんげんを中央に並べると巻
きやすい。

44

❄冷凍可　4〜5日

材料（3〜4食分）

鶏手羽中………………………… 4本
里いも……… 小7〜8個（300g）
しょうが……………………… 1かけ
┌ だし…………………¾カップ
Ⓐ 砂糖、みりん、しょうゆ
└ …………………… 各大さじ1
サラダ油……………… 小さじ2

鶏手羽と里いもの照り煮

里いもは皮をむき、大きいもの
は2〜3つに切る。塩少々（分
量外）でもみ、2〜3分下ゆで
する。

しょうがは薄切りにする。

鍋に油を熱し、手羽肉を焦げ目
がつくまで焼く。出てきた脂は
キッチンペーパーなどで拭き取
る。里いも、しょうが、Ⓐを入れ、
沸騰したらアクを取る。落し蓋
をして、約15分煮る。落し蓋を
取り、煮汁が少なくなるまで強
火で煮る。

里いもは塩もみし、さらに下ゆ
でするとぬめりが取れ、煮物が
すっきりと仕上がる。時間がな
いときはどちらかだけでもOK。

（❄冷凍可）（4〜5日）

サクふわ鶏天ゆず風味

材料（3〜4食分）

鶏むね肉·························· 1枚
┌塩······················· 小さじ⅙
Ⓐゆずこしょう········ 小さじ1
└ヨーグルト··········· 大さじ2
さつまいも······················· 8㎝
天ぷら粉、水········ 各⅓カップ
揚げ油······················ 適量

1 鶏肉はひと口大に切る。Ⓐを
　しっかりもみ込み、約10分おく。
2 さつまいもは4㎝長さ、1㎝角
　の棒状に切る。水にさらして水
　気を拭く。
3 天ぷら粉を分量の水で溶く。
4 油を160℃に熱し、さつまいも
　を2〜3分素揚げする。さらに
　油を170℃にし、①に天ぷら衣
　をつけて3〜4分揚げる。

memo ◀——
ヨーグルトで鶏肉のにおいが
え、ジューシーでやわらかくなℯ

アレンジ
おにぎりの具にすれば天むす
ごはんにのせてたれをかけれ
天丼にも。

1 鶏肉は熱湯でさっとゆでる

2 長ねぎは2cm長さに切り、にんじんは1cm厚さの輪切りにする。

3 赤とうがらしは半分に切り、種を取る。

4 鍋にすべての材料を入れ、落し蓋をして約20分煮る。途中上下を返す。落し蓋を取り、強火にして煮汁が少なくなるまで煮る。

4～5日

鶏手羽のやわらか煮

料（3～4食分）

手羽元	8本	だし	1カップ
ねぎ	½本	砂糖、酢	各大さじ1
んじん	⅓本	酒、しょうゆ	各大さじ2
		赤とうがらし	1本

Ⓐ

1 鶏肉は縦半分に切る。Ⓐを合わせ、肉を30分以上漬ける。

2 グリルで弱めの中火で7～8分焼き、好みで七味とうがらしをふる。

memo ◀

2本ある骨の間に包丁を入れると簡単に縦半分に切れ、食べやすくなる。ポリ袋に入れて口をしっかりしめてつけ込むと、全体に味がつきやすい。

❄冷凍可 4～5日

うまだれ手羽焼き

料（8本分）

手羽中	8本
砂糖	大さじ½
しょうゆ	大さじ1½
酒	大さじ1
味とうがらし	適宜

材料（3〜4食分）

牛こま肉……………………200（
しょうが……………… 1か（
　砂糖、みりん、酒、しょうゆ
Ⓐ
　……………… 各大さじ1）

落し蓋をすることで、少ない煮（
でもよく味が染みる。落し蓋に
穴をあけたアルミホイルやクッ
ングシートでも代用できる。

memo ◀▬

平らに広げて冷凍すると、使う分
けを割って解凍しやすく便利。

5〜7日

牛肉のしぐれ煮

1　しょうがは皮をこそげ、せん切
　りにする。

2　鍋にⒶ、しょうがを入れて火に
　かける。沸騰したら牛肉を入れ
　る。アクを取り、落し蓋をして
　煮汁がほとんどなくなるまで弱
　めの中火で約15分煮る。

アレンジ

そのままごはんにのっけて牛丼に。
卵でとじて他人丼にも。台湾風具
だくさんおにぎり（P.150）や韓国
風のり巻き（P.151）の具にも。

★P.48 牛肉のしぐれ煮のアレンジ

1 ねぎは斜め切りにする。しらたきは食べやすい長さに切り、熱湯でさっとゆでてアク抜きする。しいたけは石突を取り、半分に切る。

2 鍋に**Ⓐ**、①、しぐれ煮を加え、4〜5分煮る。

（ アレンジ ）

具はごぼう、セリ、焼き豆腐でも。

3〜4日

しぐれ煮すき焼き風

料（3〜4食分）

肉のしぐれ煮（P.48）
………… できあがりの半量
ねぎ …………………… ½本
らたき ………… ½袋（100g）
いたけ………………… 2枚

Ⓐ ┌ だし ………………… ¼カップ
└ 砂糖、しょうゆ… 各小さじ1

★P.48 牛肉のしぐれ煮のアレンジ

1 じゃがいもは皮をむき、2cm角に切ってゆでる。ゆで汁を捨て、再び火にかけて鍋をゆすりながら水分をとばす。熱いうちにつぶし、**Ⓐ**を加えて混ぜる。

2 みつばは1cm長さに切り、しぐれ煮は2cmほどにざく切りする。①と混ぜ、器に入れる。

3 **Ⓑ**を混ぜてのせ、オーブントースターで7〜8分焼く。

（ アレンジ ）

みつばがなければ万能ねぎでも。

冷凍可　4〜5日

しぐれ煮コロッケ風

料（3〜6個分）

肉のしぐれ煮（P.48）
………… できあがりの半量
ゃがいも………………… 2個
牛乳 ……………… 大さじ2
塩、こしょう………… 各少々
つば …………………… 4枝

Ⓑ ┌ パン粉 ………………… 大さじ3
│ 粉チーズ、オリーブ油
└ ……………… 各大さじ1

材料（3～4食分）

牛もも薄切り肉……………100g
Ⓐ ┌ 塩、こしょう……………各少々
　 └ 片栗粉、酒………各小さじ1
かぼちゃ……………1/6個（200g）
玉ねぎ………………………1/4個
パプリカ（赤）………………1/4個
Ⓑ ┌ オイスターソース、酒
　 └ ………………………各大さじ1
サラダ油……………………大さじ1

❄ 冷凍可　4～5日

牛肉とかぼちゃのオイスター炒め

1 牛肉は3cm幅に切り、Ⓐを混ぜる。

2 かぼちゃは種とワタを取り、右の写真を参照してラップで包み、電子レンジで1～2分加熱する。8mm厚さ、4cm長さのくし形に切る。

3 玉ねぎは2cm幅のくし形に切り、長さを半分にする。パプリカは小さめの乱切りにする。

4 フライパンに油を熱し、牛肉を強火で炒める。肉の色が変わったら取り出し、野菜を炒める。玉ねぎが透き通ってきたら肉を戻し入れ、Ⓑを加えて全体を混ぜる。

かぼちゃは半分に切り、太さ
互い違いに組み合わせて加
することで、均等に火が入る
少しかために加熱すると、後
炒めやすい。

こっくり牛ごぼう

材料（3〜4食分）

牛肉（すき焼き用）………150g
ごぼう…………………………½本
しょうが……………………1かけ
赤とうがらし………………½本
Ⓐ
┌ だし………………………⅓カップ
│ 砂糖…………………………大さじ½
│ みりん、しょうゆ
│ ……………………各大さじ1
└ 酢…………………………小さじ1

1 牛肉は3〜4cm幅に切る。ごぼうは皮をこそげ、4cm長さ、3mm厚さの斜め切りにする。水にさらして水気をきる。しょうがは皮をこそげ、細切りにする。赤とうがらしは種を取る。

2 鍋にⒶを入れて温め、肉、しょうが、赤とうがらしを入れる。ひと煮立ちさせてアクを取り、ごぼうを加える。

3 落し蓋をして、煮汁がほとんどなくなるまで弱火で約20分煮る。

memo ◁▭

肉の部位は、もも、肩ロース、バラ、切り落とし肉などなんでもOK。

4〜5日

3〜4日

牛肉と春雨の韓国風炒め

材料（3〜4食分）

牛もも薄切り肉⋯⋯⋯⋯⋯100g

Ⓐ
┌ しょうが⋯⋯⋯⋯⋯⋯ 1/2かけ
│ 長ねぎ⋯⋯⋯⋯⋯⋯⋯ 5cm
│ 砂糖、しょうゆ、酒
│ ⋯⋯⋯⋯⋯⋯⋯⋯ 各大さじ1
└ ごま油⋯⋯⋯⋯⋯⋯ 大さじ1/2

にんじん⋯⋯⋯⋯⋯⋯ 4cm（30g）

ピーマン⋯⋯⋯⋯⋯⋯⋯ 1個

しいたけ⋯⋯⋯⋯⋯⋯⋯ 2枚

緑豆春雨⋯⋯⋯⋯⋯⋯⋯20g

粗または一味とうがらし⋯適宜

1 牛肉は2cm幅に切る。しょうが、ねぎはみじん切りにし、Ⓐを合わせる。肉にもみ込む。

2 にんじん、ピーマンはせん切り、しいたけは軸を取り、薄切りにする。春雨は熱湯でもどしてザルに取り、ザク切りする。

3 フライパンを熱し、①を入れて炒め煮する。肉の色が変わったら野菜を加えて炒める。春雨を加え、煮汁がなくなるまで炒める。好みでとうがらしをふる。

アレンジ

ごはんにのせて、どんぶりにも。

❄冷凍可　4〜5日

ミニローストビーフのからし漬け

料（3〜4食分）

もも肉（厚めのステーキ用）
　………………… 2枚（約200g）
塩、こしょう……………各少々
Ⓐ にんにく（すりおろす）
　………………………… ½片分
ラダ油…………………小さじ1
イン（赤または白）…大さじ1
Ⓑ 練りからし、酢… 各小さじ1
しょうゆ……………大さじ½

1　牛肉は竹串でところどころ穴を
　あけ、Ⓐをすり込む。
2　フライパンに油を熱し、肉を2
　〜3分ずつ全面焼く。
3　ワインを加え、ひと煮立ちした
　ら肉を取り出す。
4　フライパンに残った煮汁に、Ⓑ
　を加えてひと煮立ちさせる。
5　ポリ袋などに肉と④を入れ、20
　分以上漬ける。薄切りにする。

memo◀

ステーキ肉なのでお手軽。お弁当用な
ので、加熱時間は長めで中まで火を通
す。

材料（つくりやすい分量）

牛もも薄切り肉……………100g

Ⓐ ┌ 片栗粉、酒……… 各小さじ1
  └ 塩…………………………… 少々

たけのこ（水煮）…… 1/2本（100g）
ピーマン…………………… 2個
パプリカ（黄）……………… 1/4個
長ねぎ（みじん切り）…… 5cm分

Ⓑ ┌ オイスターソース…・大さじ1
  └ しょうゆ……………… 小さじ1

ごま油……………………… 大さじ1

2～3日

チンジャオロース

1 牛肉は1cm幅に切り、Ⓐをもみ
  込む。

2 たけのこは、穂先は薄いくし形
  に、根元は細切りにする。ピー
  マン、パプリカは種を取り、4
  cm長さの細切りにする。

3 フライパンに半量のごま油を熱
  し、ねぎ、牛肉を強火で炒める。
  肉の色が変わったら取り出す。

4 残りの油を入れ、②を炒める。
  全体に火が通ったら、肉を戻し
  入れ、Ⓑで調味する。

たけのこの根元は細切りにする。
まず放射状に4等分し、内側と外
側をひだのつけ根から切り分ける。
外側は薄く切って細切りにする
（写真右上）。内側はひだとひだの
間に包丁を入れてバラバラにし
（写真手前）、細切りにする。

memo

たけのこの白い粒状のものは食
ても害はないが、取ると口ざわり
よくなる。

❄冷凍可　4〜5日

農厚ビーフストロガノフ

料（3〜4食分）

- 肩ロース薄切り肉⋯⋯⋯150g
- 塩、こしょう⋯⋯⋯⋯⋯各少々
- 小麦粉⋯⋯⋯⋯⋯大さじ1½
- ねぎ⋯⋯⋯⋯⋯⋯⋯⋯½個
- ッシュルーム⋯⋯⋯1パック
- んにく⋯⋯⋯⋯⋯⋯⋯1片
- ター⋯⋯⋯⋯⋯⋯⋯20g
- 水⋯⋯⋯⋯⋯⋯⋯1カップ
- スープの素⋯⋯⋯⋯⋯1個
- ローリエ⋯⋯⋯⋯⋯1枚
- 中濃ソース⋯⋯⋯大さじ1½
- ケチャップ⋯⋯⋯大さじ2
- クリーム⋯⋯⋯大さじ3
- セリ（乾燥）⋯⋯⋯⋯少々

1　牛肉は3cm幅に切り、Ａをまぶす。

2　玉ねぎは薄切り、マッシュルームは5mm厚さに切る。にんにくはみじん切りにする。

3　鍋にバターを熱し、にんにく、玉ねぎをよく炒める。少し焦げ色がついてきたら肉を加えて炒める。

4　肉の色が変わったらマッシュルーム、Ｂを加えて約20分煮る。生クリームを加え、パセリをふる。

アレンジ

牛こま肉や切り落とし肉でもOK。

55

🔅 冷凍可　　1 週間

材料（3〜4食分）

豚ひき肉	150g
たけのこ（水煮）	50g
にんじん	1/5本（30g）
干ししいたけ	2個
長ねぎ	5cm
しょうが	1かけ

Ⓐ
水	1/4カップ
スープの素	小さじ1
甜麺醤、酒	各大さじ1½
しょうゆ	大さじ½
五香粉または八角	適宜

ごま油 ‥‥‥‥‥‥‥‥‥ 大さじ½

memo

五香粉または八角を抜くと和風味になる。ごはんにのせてルーロー飯風に。

平らに広げて袋に入れておくと凍ったままでも使う分だけ割って取り出せる。

中国風肉みそ

1 たけのこは7mm角に切る。干ししいたけはひたひたの水でもどして軸を取り、にんじんとともに5mm角に切る。ねぎ、しょうがはみじん切りにする。

2 鍋にごま油、ねぎ、しょうがを入れて火にかけ、香りが出てきたらひき肉を加え強火で炒める。

肉がパラパラになったらたけのこ、にんじん、干ししいたけを加えて炒める。

3 全体に油が回ったらⒶを加え、沸騰したらアクを取って弱火で約15分、汁気がなくなるまで煮る。

4～5日

肉みその麻婆じゃがいも

料（3〜4食分）

中国風肉みそ(P.56)
………… できあがりの半量
じゃがいも……… 大1個(200g)
グリンピース(水煮)… 大さじ2

豆板醤……………… 小さじ½
Ⓐ花椒(あれば) …………… 少々
水………………… 大さじ2
サラダ油………………… 大さじ1

★P.56 中国風肉みそのアレンジ

1 じゃがいもは皮をむき、1cm角に切る。水にさらし水気をきる。
2 鍋に油を熱し、じゃがいもを炒める。全体に油が回ったら、蓋をして3〜4分蒸し煮する。肉みそ、グリンピース、Ⓐを入れ、強火で炒めて味をなじませる。

memo
花椒は中国山椒の実。香り高く、辛みがある。

4～5日

楽らくチーズ餃子

料（3〜4食分）

中国風肉みそ(P.56)
………… できあがりの半量
春雨…………………………20g
ピザ用チーズ…………………30g
餃子の皮(大判) ………… 12枚
サラダ油………………… 大さじ2

★P.56 中国風肉みそのアレンジ

1 春雨は熱湯でもどし、2〜3cmに切る。チーズは細かくする。
2 ボウルに肉みそ、春雨、チーズを入れて混ぜ、12等分する。
3 餃子の皮に②をのせ、皮の周りを水でぬらし、半分に折ってつける。
4 フライパンを熱し、油(分量外)を薄くひいて③を並べる。熱湯¼カップ(分量外)を注ぎ、蓋をして4〜5分蒸し煮する。
5 皮が半透明になり水分がなくなったら、蓋を取って油を回し入れる。両面カリッと焼く。

memo
餃子の皮が普通サイズなら、16〜20枚ほど用意する。

材料（細巻2本分）

豚ひき肉・・・・・・・・・・・・・・・・・・・・120g
オクラ・・・・・・・・・・・・・・・・・・・・・・・ 6本
Ⓐ ┌ 塩・・・・・・・・・・・・・・・・・・・・・小さじ⅙
　　├ しょうゆ・・・・・・・・・・・・・・ 小さじ2
　　├ しょうが汁・・・・・・・・・・・小さじ1
　　├ 長ねぎ（みじん切り）・・・5㎝分
　　└ 片栗粉・・・・・・・・・・・・・・・・・小さじ1
焼きのり・・・・・・・・・・・・・・・・・・ 全型1枚
サラダ油・・・・・・・・・・・・・・・・・・大さじ½

（ アレンジ ）
合びき肉や鶏ひき肉にしても。オ
クラをいんげん、アスパラに代え
ても。

2～3日

オクラの肉のり巻き

1　オクラはガクを取り、塩少々
　　（分量外）をふってこすり、洗う。
　　熱湯でさっとゆでる。
2　ひき肉、Ⓐを合わせて粘りが出
　　るまで混ぜ、2等分する。
3　のりを半分に切り、②の1つ分
　　を向こう側2㎝残して広げる。
　　オクラを半量のせて細巻きのよ
　　うに巻く。残りの半量も同じよ
　　うにする。
4　フライパンに油を熱し、③を転
　　がしながら3～4分焼く。粗熱
　　がとれたら2～3㎝長さに切る。

オクラを肉の真ん中に乗せ、肉
の端と端を合わせるように巻
く。焼くと肉が膨張するので、
きつく巻きすぎないように。

3～4日

材料（3～4食分）

豚ひき肉	………………………	150g

Ⓐ
- 塩 ……………………… 小さじ¼
- こしょう ……………………… 少々
- 玉ねぎ（みじん切り）‥ ⅛個分
- しょうが汁 ………… 小さじ1
- パン粉 ……………… 大さじ2
- 卵 ………………………½個

片栗粉 ……………………… 大さじ1
なす ……………… 2個（150g）
パプリカ（黄） ………………⅓個

Ⓑ
- 水 ………………………… ¼カップ
- 砂糖、しょうゆ … 各大さじ½
- 酢 ……………………… 大さじ1
- 片栗粉 ……………… 小さじ1
- スープの素 ………… 小さじ½

揚げ油 ……………………… 適量

memo

野菜は素揚げをすると照りが出て、甘くおいしくなる。なすの色も鮮やかに。

肉だんごとなすの甘酢あん

1. ひき肉にⒶを加え、粘りが出るまで混ぜる。直径2cm程度に丸め、片栗粉をつける。

2. なすはヘタを取り、パプリカとともに小さめの乱切りにする。

3. 揚げ油を170℃に熱し、なす、パプリカを素揚げする。180℃にし、①を3～4分揚げる。

4. フライパンにⒷを入れ、混ぜながら火にかける。沸騰し、とろみがついてきたら野菜、肉だんごを加えて絡める。

肉だんごが写真のようなこんがりしたきつね色になったら取り出す。油は底から2cmくらいでOK。小さめの鍋を使えば、油の量も少なくてよい。

1 いんげんは両端を切る。パプリ
　カは縦1cm幅に切る。ともに
　ラップをかけ、電子レンジで3
　〜4分加熱する。
2 玉ねぎはみじん切りにし、片栗
　粉をまぶす。
3 ボウルにひき肉、Ⓐ、②を入れ、
　粘りが出るまで混ぜる。
4 のりの上に③を向こう側2cm残
　して広げる。①を等間隔に並べ
　て手前から巻く。半分に切る。
5 フライパンに油を熱し、④をと
　きどき回しながら7〜8分焼く。
6 粗熱がとれたら1cm幅に切る。

memo <▬▬
ペーパータオルを敷いて保存すると、
のりがべたつくのを防げる。

のり巻きミートローフ

材料（太巻1本分）

豚ひき肉	200g	さやいんげん	4本
Ⓐ 塩	小さじ⅓	パプリカ(黄)	¼個
Ⓐ しょうゆ、酒	各大さじ½	焼きのり	全型1枚
Ⓐ しょうが汁	小さじ½	サラダ油	小さじ
玉ねぎ	⅙個		
片栗粉	大さじ½		

---

1 玉ねぎはみじん切りにする。卵
　は溶きほぐす。
2 ボウルにひき肉、塩、ソースを
　入れ、粘りが出るまで混ぜる。
　玉ねぎ、Ⓐを加え、よく混ぜる。
　8等分して丸め、中心をへこま
　せる。
3 フライパンに油を熱し、②を両
　面焦げ目がつくまで焼く。
4 フライパンの汚れをペーパータ
　オルで拭き、Ⓑを加える。蓋を
　して、弱火で5〜6分煮る。

memo <▬▬
片栗粉でやわらかさをキープ。

ふっくら煮込みハンバーグ

材料（小8個分）

合びき肉	200g	片栗粉	小さじ
塩	小さじ⅙	Ⓑ 水	½カップ
中濃ソース	大さじ1	Ⓑ ワイン(赤または白)、ケチャップ	各大さじ1½
玉ねぎ	¼個	Ⓑ 中濃ソース	大さじ1
Ⓐ 卵	小1個	サラダ油	大さじ
Ⓐ パン粉	⅓カップ		

❄冷凍可 4〜5日

ドライカレー

料（3〜4食分）

びき肉………………………200g
ねぎ………………………… 1個
んにく……………………… 1片
ょうが……………………… 1かけ
んじん………………………⅓本
ーマン……………………… 2個
ーズン……………………… 大さじ2
とうがらし…………………½本
水……………………………¾カップ
スープの素………………… 1個
カレー粉、ケチャップ
………………… 各大さじ1
しょうゆ…………………大さじ½
ラダ油……………………大さじ½

1 玉ねぎ、にんにく、しょうが、にんじん、ピーマンはすべてみじん切りにする。レーズンはぬるま湯でもどし、粗く刻む。

2 鍋に油を熱し、玉ねぎ、にんにく、しょうが、赤とうがらしを炒める。ひき肉を加え、パラパラになるまで強火で炒める。にんじん、ピーマン、レーズンを加えてさらに炒める。

3 Ⓐを加え、煮汁がなくなるまで約20分弱火で煮る。

memo◀
ごはんにかけても、混ぜて炒めても。

材料（小10〜12個分）

合びき肉	150g
Ⓐ 塩	小さじ¼
中濃ソース	小さじ1
キャベツ	2枚（100g）
玉ねぎ	⅙個
じゃがいも	½個
サラダ油	大さじ½

memo <

ソースには多種類の香辛料が入っているので、タネの隠し味に便利。できあがりにお好みでトマトケチャップを添えても。

❄ 冷凍可　　3〜4日

キャベツバーグ

1 キャベツ、玉ねぎは粗みじん切りにする。塩小さじ¼（分量外）をして約5分おき、水気をしぼる。じゃがいもは皮をむき、すりおろす。ザルにあげ、自然に水気をきる。

2 ひき肉にⒶ、①を加え、粘りが出るまで混ぜる。直径3cm程度の円形にする。

3 フライパンに油を熱し、②を焼く。焦げ目がついたら裏返し、蓋をして弱火で5〜6分蒸し焼きにする。

パン粉を使わず、すりおろしたじゃがいもだけをつなぎにして、野菜たっぷりバーグに。

材料（小8個分）

合びき肉……………………150g
ピーマン………… 4個（150g）
玉ねぎ……………………1/4個
┌ パン粉、ケチャップ
│　……………… 各大さじ2
Ⓐ 牛乳 ……………… 大さじ1
│ しょうゆ…………… 小さじ1
└ 塩、こしょう………… 各少々
サラダ油…………… 大さじ1/2

memo ◀▭

ピーマンを横半分に切るので、ピーマンから肉がはがれにくく、お弁当箱につめやすくなる。ひき肉は、豚または牛でもOK。

4～5日

ピーマンの肉づめ焼き

ピーマンは上下を切り、種を取る。長さを半分にする。玉ねぎはみじん切りにする。

ボウルにひき肉、玉ねぎ、Ⓐを入れ、粘りが出るまで混ぜる。8等分し、ピーマンにつめる。

フライパンに油を熱し、②を入れ、上になるほうから焼く。焦げ色がついたら裏返し、蓋をして5～7分弱火で焼く。

材料（3〜4食分）

豚ひき肉·························· 50g
ゆで大豆········ 中1缶（約120g）
玉ねぎ ····························· 1/4個
トマト ····························· 1個
さやいんげん ···················· 3本
にんにく··························· 1/2片
┌ スープの素·················· 1個
│ 塩、こしょう············各少々
Ⓐ チリパウダー（あれば）
└ ······················ 小さじ1
オリーブ油 ·············· 大さじ1

> **memo ◄**

ゆで大豆はドライタイプのものを
使うと水っぽさがなく、水きりも不
要。

※冷凍可 4〜5日

豚肉と大豆のトマト煮込み

1 玉ねぎ、トマトは粗みじん切り、
いんげんは1cm長さ、にんにく
はみじん切りにする。

2 鍋にオリーブ油、にんにくを入
れて弱火にかけ、香りが出たら
ひき肉を加えて強火で炒める。
パラパラになったら玉ねぎ、ト
マト、大豆、Ⓐを加え、弱火で
15〜20分、煮汁が少なくなる
まで煮る。

3 いんげんを加え、さらに3〜4
分煮る。

アレンジ

グリンピースやコーンを加えたり、
ミックスビーンズを使うとよりカ
ラフルになる。

❄ 冷凍可 3〜4日

材料（10 〜 12 個分）

鶏ひき肉…………………… 150g
Ⓐ ┌ しょうが汁………… 小さじ1
　　│ 塩…………………… 小さじ¼
　　│ 片栗粉…………… 大さじ½
　　└ 酒………………… 大さじ1
コーン（ゆでたものまたは缶）
　………………………… 50g
しいたけ………………… 2枚
長ねぎ…………………… 5㎝
Ⓑ ┌ みりん、しょうゆ、水
　　└ ……………… 各大さじ½

(アレンジ)

ひき肉は合びき、豚ひき肉でも。

コーンたっぷりつくね

しいたけは石づきを取り、ねぎ
とともに粗みじん切りにする。
ひき肉にⒶ、①、コーンを入れ、
粘りが出るまでよく混ぜる。
湯を沸騰させ、②をスプーンな
どを使ってラグビーボール状に
して湯に入れ、3〜4分ゆでる。
鍋にⒷを入れて火をかけ、沸騰
したら③を入れて煮汁がなくな
るまで煮からめる。

つくねのタネはスプーンですくい、
手の平でラグビーボール状に整え
る。手もスプーンも水でぬらすと
タネがつきにくい。

❄ 冷凍可　4〜5日

1. きくらげは水でもどし、しいたけとともに石突をとり、粗みじん切りにする。万能ねぎは小口切りにする。
2. ボウルにひき肉、❹を入れ、粘りが出るまで混ぜる。①を加えて混ぜる。
3. 卵焼き器かフライパンを熱し、油を薄くひいて②を入れ、表面をゴムべらなどで平らにする。上面にごまをふり、焼き色がついたら裏返す。蓋をして弱火で4〜5分焼き、取り出す。
4. ❸をひと煮立ちさせる。③を戻し入れ、両面に味をつける。粗熱がとれたら食べやすい大きさに切る。

鶏ときのこの松風焼き

材料（卵焼き器［約13×18cm］1枚分）

鶏ひき肉・・・・・・・・・・・・・・・・・・200g	しいたけ・・・・・・・・・・・・・・・・・・ 2
┌ 塩・・・・・・・・・・・・・・・・・・小さじ¼	万能ねぎ・・・・・・・・・・・・・・・・・・ 2
❹ しょうが汁、酒・・各小さじ1	白ごま ・・・・・・・・・・・・・・・・大さじ
│ 片栗粉・・・・・・・・・・・・・・・ 小さじ2	┌ 砂糖、みそ、みりん
└ 卵・・・・・・・・・・・・・・・・・・・・・小1個	❸ ・・・・・・・・・・・・・・・・ 各大さじ
きくらげ・・・・・・・・・・・・・・・・・・・・3g	サラダ油・・・・・・・・・・・・・・・・・・・・適

1. アスパラは根元を切り落とし、根元から7〜8cm程度の皮を薄くむく。長さを4等分する。じゃがいもは皮をむき、7mm角の棒状に切る。塩、こしょうをする。
2. ベーコンは半分に切り、アスパラ、じゃがいもを¹⁄₁₀ずつ巻く。爪楊枝でとめる。同様に全部で10個つくる。
3. フライパンに油を熱し、②を並べる。蓋をし、弱めの中火で5〜6分蒸し焼きにする。

memo ◀▭

爪楊枝は斜めに刺すと具が動きにくく、焼きやすい。

2〜3

アスパラとじゃがいものベーコン焼き

材料（10個分）

ベーコン・・・・・・・・・・・・・・・・・・ 5枚
グリーンアスパラガス ・・・・・・ 5本
じゃがいも・・・・・・・・・・・・ ½個（75g）
塩、こしょう・・・・・・・・・・・・・・・各少々
サラダ油・・・・・・・・・・・・・・・・・・小さじ1

アレンジ

ベーコンは豚バラ薄切り肉にしも。じゃがいもは長いもやさついもでも。

2〜3日

揚げないころころヘルシーコロッケ

材料（10個分）

魚肉ソーセージ……………… 1本
じゃがいも……… 2個（300g）
玉ねぎ …………………………1/8個
パセリ …………………………1/2枝

A
┌牛乳……………………… 大さじ2
├塩…………………………小さじ1/4
└こしょう………………………少々

パン粉………………………1/3カップ
オリーブ油 ………………… 大さじ2

(アレンジ)

芯の具は、ハム、うずらの卵、チーズ、かにかまなどでも。

じゃがいもは洗い、ラップをかけて電子レンジで4〜5分加熱する。皮をむき、つぶす。玉ねぎ、パセリはみじん切り、ソーセージは10等分する。

じゃがいも、玉ねぎ、パセリ、Aを混ぜ10等分する。

パン粉にオリーブ油を混ぜ、フライパンできつね色になるまで炒める。

ソーセージを中に入れて②で包み、ボール状にまとめる。ひとつずつ③をまぶす。

コロッケのタネに衣をまぶす。揚げないので、簡単ヘルシー。

中には魚肉ソーセージがちらり。

67

❄冷凍可　4〜5日

材料（3〜4食分）

生鮭……………………… 3切

┌砂糖…………………小さじ

│しょうゆ、酒……… 各大さじ

Ⓐ│みりん……………… 大さじ

└ゆずこしょう………小さじ

memo ◁▭

甘塩鮭を使う場合はしょうゆを
量程度に減らして。

アレンジ

ゆずこしょうの代わりに、豆板
や七味とうがらしで辛みを、レ
ンやゆずで酸味をつけてもおい
い。

鮭のゆず風味焼き

1　鮭はⒶに20分以上漬ける。

2　1切れを2〜3つに切る。グリ
　ルで7〜8分、焦がさないよう
　中火で焼き色を見ながら両面こ
　んがりと焼く。

ポリ袋に入れると手軽で、
少ない漬け汁でもよく漬
かる。袋は厚めのものが
おすすめ。このまま冷蔵
庫で4〜5日保存できる。

★P.68 鮭のゆず風味焼きのアレンジ

1 鮭は**Ⓐ**に20分以上漬ける。
2 1切れを4～5つに切る。のり
を1.5cm幅に切り、鮭の中央に
巻く。片栗粉を薄くつける。
3 フライパンに油を熱し、②を両
面2～3分ずつ焼く。

memo <▭

①まではP.68と同じなので、鮭を倍量
仕込んでおき、半量をのり巻き焼きに
アレンジしても。

アレンジ

のりの代わりに青じそでも。

鮭ののり巻き焼き

料 (3～4食分)

鮭‥‥‥‥‥‥‥‥‥‥ 3切れ　　焼きのり‥‥‥‥‥‥‥‥全型½枚
砂糖‥‥‥‥‥‥‥‥小さじ1　　片栗粉‥‥‥‥‥‥‥‥‥大さじ1
しょうゆ、酒‥‥‥ 各大さじ1　　サラダ油‥‥‥‥‥‥‥‥‥大さじ1
みりん‥‥‥‥‥‥‥大さじ½
ゆずこしょう‥‥‥‥小さじ1

冷凍可 4～5日

★P.68 鮭のゆず風味焼きのアレンジ

1 鮭は**Ⓐ**に20分以上漬ける。
2 1切れを2～3つに切る。片面
にごまをしっかり押しつける。
3 フライパンに油を熱し、ごまの
面を下にして入れ、炒め揚げす
る。

memo <▭

①まではP.68と同じなので、鮭を倍量
仕込んでおき、半量をごま揚げにアレ
ンジしても。

鮭のごま揚げ

料 (3～4食分)

鮭‥‥‥‥‥‥‥‥‥‥ 3切れ　　白ごま‥‥‥‥‥‥‥‥‥ 大さじ3
砂糖‥‥‥‥‥‥‥‥‥小さじ1　　サラダ油‥‥‥‥‥‥‥‥ 大さじ2
しょうゆ、酒‥‥‥ 各大さじ1
みりん‥‥‥‥‥‥‥大さじ½
ゆずこしょう‥‥‥‥小さじ1

材料（3〜4食分）

甘塩鮭	2切
酒	少
かぶ	2個（200
塩	少
絹さや	10
バター	10
しょうゆ	小さじ
こしょう	少

memo

かぶに塩をふってから焼くと、水
ぽくなりにくい。かぶについてい
葉は、一緒に炒めてもよい。β-
ロテンやカルシウムなど栄養豊
で、青菜のように使える。

アレンジ

かぶの代わりに、大根やれんこ
でも。

鮭とかぶのバター炒め

1 かぶは葉を切り落として皮ごと
7mm厚さのいちょう切りにし、
塩をふる。絹さやは筋を取る。

2 鮭は3〜4つに切る。酒をふっ
て5分ほどおき、水気を拭く。

3 フライパンを温めてバターを溶
かし、鮭、かぶを焼く。全体に
火が通ったら絹さやを加えて炒
め、しょうゆ、こしょうを加え
て調味する。

4～5日

1 かつおは1.5cm厚さに切り、**Ⓐ**
　に10分以上漬ける。
2 フライパンにオリーブ油を熱し、
　かつおの水気を拭いて入れ、両
　面こんがりと焼く。
3 弱火にし、**Ⓑ**を加え全体にから
　める。

アレンジ

パンに挟んでもおいしい。かつおの代
わりに、ぶりやまぐろでも。

かつおの粒マスタードソテー

料（3～4食分）

つお（刺身またはたたき用）
　…………… 1さく（200g）
　塩…………………小さじ¼
　こしょう………………… 少々
　しょうゆ……………小さじ1
　酒…………………大さじ½

マヨネーズ、粒マスタード
Ⓑ ………………… 各大さじ1
　しょうゆ……………小さじ½
オリーブ油 …………大さじ½

4～5日

1 ぶりは1切れを2～3つに切り、
　Ⓐで下味をつける。**Ⓑ**は合わせ
　る。
2 フライパンに油を熱し、ぶりを
　両面こんがりと焼いて取り出す。
3 フライパンをペーパータオルな
　どできれいに拭き、**Ⓑ**を入れ1
　～2分煮立たせる。
4 ②を戻し入れ、全体に煮からめ
　る。

memo

最後に強火で煮からめるとツヤが増す。

アレンジ

ぶりの代わりに、さわらや鮭でも。

ぶりの照り焼き

料（3～4食分）

り……………………3切れ
　塩…………………小さじ¼
　酒…………………大さじ½

砂糖………………… 大さじ½
Ⓑしょうゆ…………大さじ1½
　みりん、酒………各大さじ1
サラダ油………………小さじ1

4～5日

イタリアンシーフードマリネ

材料（3～4食分）

えび……………………… 8尾
ゆでだこ……………………足1本
玉ねぎ ……………………⅛個
イタリアンパセリ ………… 2枝
ブラックオリーブ ………… 4粒
Ⓐ ┌レモン……………………½個
　│オリーブ油………… 大さじ2
　│塩………………………小さじ⅓
　└こしょう………………… 少々

1 えびは背ワタを取る。たこは1
　cm厚さに切る。

2 塩、白ワイン少々（ともに分量
　外）を加えた熱湯にえびを入れ
　る。色が変わったらたこを加え、
　再び沸騰したら火を止め、その
　まま汁につけておく。冷めたら
　えびの殻をむく。

3 玉ねぎは薄切り、イタリアンパ
　セリは3cm長さに切る。オリー
　ブは5mm厚さに切る。

4 レモンは輪切りを2枚取り、皮
　をむいていちょう切りにする。
　残りは汁をしぼる。ほかのⒶと
　合わせ、②、③を混ぜる。

アレンジ

たこの代わりにいかでも。

1 かじきはひと口大のそぎ切りにする。Ⓐで下味をつける。
2 ししとうはヘタを切りそろえる。長いもは皮をむき、1㎝厚さの輪切りにする。
3 フライパンに半量の油を熱し、ししとう、長いもを炒めて取り出す。かじきに片栗粉をつけ、残りの油を加えて両面焼く。
4 野菜を戻し入れ、Ⓑで調味する。のりをちぎって加え、ひと混ぜする。

アレンジ

かじきの代わりに、まぐろでも。

3～4日

かじきのバターしょうゆ炒め

料（3～4食分）

かじき	3切れ	Ⓑ バター	10g
塩	小さじ⅓	しょうゆ、みりん	各小さじ1
酒	大さじ1	焼きのり	全型½枚
栗粉	大さじ1	サラダ油	大さじ1
しとうがらし	8本		
長いも	6㎝		

1 あじは三枚おろしにし、腹骨と小骨を取る。半身を4～5つのそぎ切りにして、塩をする。
2 Ⓐを合わせる。
3 あじの水気を拭き、片栗粉をつける。油を180℃に熱し、あじを2～3分揚げる。温かいうちに②に漬ける。

memo ◁

ゆず茶やマーマレードなどのオレンジ系のジャムを使えば、季節を問わずいつでも柑橘風味を味わえる。

4～5日

揚げあじのゆず風味漬け

料（3～4食分）

あじ	2尾	しょうゆ	小さじ2
塩	小さじ⅙	ゆず茶、マーマレードなど	小さじ2
栗粉	大さじ1½	揚げ油	適量
赤とうがらし（小口切り）	1本分		
酢、酒	各大さじ2		

1 えびは細かく刻む。包丁でたたき、🅐と混ぜる。4等分する。
2 れんこんは皮をむき、1cm厚さの輪切りにして8枚取る。塩少々（分量外）をふる。
3 れんこん2枚で①をはさむ。同様に全部で4つつくる。
4 フライパンに油半量を熱し、③を3～4分焼く。裏返して残りの油を加えて蓋をし、さらに4～5分焼く。

memo ◁▭

れんこんはあらかじめ冷蔵庫から出して常温にもどしておき、包丁をすべらせるように動かすと切りやすい。

3～4日

えびとれんこんのソテー

材料（4個分）

えび……………… 4尾（約120g）
┌ 長ねぎ（みじん切り） 大さじ1
🅐 塩……………………… 小さじ¼
└ 片栗粉、酒………… 各小さじ1
れんこん………… 8cm（約120g）
サラダ油……………… 大さじ½

アレンジ

えびの代わりに、いかをたたいたものや、鶏ひき肉60～80gでも。

1 さばは1cm厚さのそぎ切りにする。🅐に15分以上漬ける。
2 さばの水気を拭き、片栗粉をつける。
3 かぼちゃは1cm厚さ、5cm長さに切る。
4 油を160℃に熱し、かぼちゃを揚げる。さらに油を180℃にし、さばを2～3分揚げる。

memo ◁▭

さばは塩さばではない生のさばを使う。

4～5日

さばの竜田揚げ

材料（3～4食分）

さば……………………………½尾
┌ 砂糖、酒、しょうが汁
🅐 ……………… 各小さじ1
└ しょうゆ……………… 大さじ1
片栗粉………………… 大さじ2
かぼちゃ……………………100g

揚げ油………………………… 適量

材料（8カップ分）

白身魚………………………… 2切れ
🅐塩、こしょう、酒……… 各少々
小麦粉……………………………小さじ1
ブロッコリー ……… ⅓株(70g)
ピザ用チーズ………………… 40g
サラダ油…………………… 大さじ½

(**アレンジ**)

白身魚のたら、鯛やさわら、鮭などの切り身のほか、刺身の残りを利用しても。

白身魚とブロッコリーのチーズ風味

1 白身魚は1切れを4つに切り、🅐をふる。約5分おき、水気を拭いて小麦粉をつける。

2 ブロッコリーは小房に分け、ポリ袋などに入れて約1分、電子レンジで加熱する。つぼみを切り、バラバラにしてチーズと混ぜる。

3 フライパンに油を熱し、①をこんがりと焼く。

4 アルミカップなどに③をおき、②をのせる。

5 オーブントースターなどでチーズに焦げ目がつくまで4〜5分焼く。

つぼみはつけ根に包丁を入れてバラバラにする。

75

材料（10 個分）

ちくわ	2本
ごぼう	½本（100g）
にんじん	4 cm
みつば	10本
天ぷら粉	½カップ
水	⅓カップ
塩	小さじ⅓
揚げ油	適量

（ アレンジ ）

みつばの代わりに、万能ねぎや春菊などでも。

4～5日

ちくわとごぼうのミニかき揚げ

1 ちくわは小口切りにする。ごぼうは皮をこそげ、大きめのささがきにする。水にさらして水気をきる。にんじんもささがき、みつばは３cm長さにきる。

2 ①に天ぷら粉大さじ１を混ぜる。

3 残りの天ぷら粉に分量の水、塩を加えて混ぜ、衣をつくる。②を加え、さらに混ぜる。

4 揚げ油を170℃に温め、③をテーブルスプーンなどですくって平らに広げて入れ、こんがりきつね色に揚げる。同様に全部で10個つくる。

具に天ぷら粉を少しまぶしてから衣と混ぜると、揚げたときにバラバラになりにくい。

❄冷凍可　1週間

1 魚は塩をし、20〜30分おく。水気をペーパータオルなどで拭く。
2 酒粕は🅐を加えてよく混ぜ、なめらかにする。
3 魚に②をぬり、ポリ袋などに入れ、空気を抜いて口を閉じる。冷蔵庫で保存する。
4 ゴムべらなどで魚についた酒粕を取り、弱めの中火で焼く。

memo◄▭
③で冷蔵し、2〜3日後からがおいしい。そのまま冷凍も可。板状の酒粕なら、酒を適量加え、すり鉢やフードプロセッサーでなめらかにしてから使う。

白身魚の粕漬け

材料（3切れ分）

白身魚の切り身（鯛、ぎんだら、さわらなど）…………… 3切れ
塩‥小さじ1強（魚の重量の2％）
酒粕（生）…………………200g
🅐┌砂糖、みりん…… 各大さじ2
　└塩……………………小さじ1

4〜5日

1 魚はひと口大のそぎ切りにし、🅐を混ぜてつけ、約15分おく。
2 ねぎは小口切りにし、ほかの🅑と混ぜて衣をつくる。
3 フライパンに油を入れ、弱火で熱する。魚の水気を拭き、②をつけて炒め揚げする。

memo◄▭
みそが焦げやすいので、低めの温度で炒め揚げする。

白身魚のねぎみそ焼き

材料（3〜4食分）

白身魚の切り身（鯛、たらなど）
　………………… 3切れ
🅐みそ、みりん…… 各大さじ1

┌万能ねぎ………………… 2本
🅑小麦粉…………… 大さじ3
└水………………… 大さじ2½
サラダ油………………… 大さじ3

※冷凍可　3〜4日

材料（卵焼き器[約13×18cm] 1枚分）

卵………………………………… 3f
＠┌牛乳……………………… 大さじ：
　└塩、こしょう…………各少々
お好みのきのこ（しめじ、まいたけ
け、エリンギなど）……… 計150g
万能ねぎ……………………… 2ア
ベーコン……………………… 1枚
オリーブ油………… 小さじ1弱

memo <▭

きのこは種類によって食感やう？
み成分が異なるため、複数の種類
を一緒に使うとおいしさがアッ〜
する。組み合わせはお好みで。

たっぷりきのこのオムレツ風

1 卵は溶きほぐし、＠を加えて混ぜる。

2 きのこは根元を取り、小房にするか短冊切り程度に切る。ねぎは1cm長さ、ベーコンは1cm角に切る。

3 卵焼き器に小さじ1のオリーブ油を熱し、②を炒める。焦げ目がついてきたら火を止め、取り出す。粗熱がとれたら①に加える。

4 卵焼き器をきれいにし、オリーブ油を薄くひく。③を流し入れる。混ぜながら焼き、半熟になったらフライ返しなどでひっくり返す。弱火で3〜4分焼く。取り出し、粗熱がとれたら切り分ける。

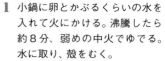

1 小鍋に卵とかぶるくらいの水を入れて火にかける。沸騰したら約8分、弱めの中火でゆでる。水に取り、殻をむく。

2 鍋に❹と卵を入れ、ひと煮立ちさせる。粗熱がとれたらポリ袋に入れ、1時間以上おく。

1週間

しょうゆ煮卵

料（4個分）

卵 ………………………… 4個

しょうゆ …………… 大さじ2

みりん …………… 大さじ1

卵はポリ袋に入れると少ない漬け汁でいい。ときどき動かせば色ムラになりにくい。

memo

ゆで時間は卵を冷蔵庫から出し、常温にしてからゆでたときの目安。まだ冷たいままゆでる場合は長めに。上手に殻をむくコツはP.106を参照。

1 ねぎは斜め薄切りにする。しめじは1本ずつにほぐす。

2 フライパンに❹、①、桜えびを入れ、煮汁がほとんどなくなるまで3～4分煮る。

3 ボウルに卵を割りほぐし、フライパンの中心から回し入れる。蓋をし、2～3分蒸し焼きにする。

4 粗熱がとれたら、格子状に切る。

2～3日

memo

お弁当用なので、卵とじもしっかりと火を入れる。

卵とじのチヂミ風

料（フライパン[18cm]1枚分）

卵 ………………… 2個	だし ………………… ¼カップ
長ねぎ ……………… 5cm	塩 ………………… 小さじ⅛
しめじ …………… ¼パック	砂糖 ……………… 小さじ1
桜えび …………… 大さじ1	しょうゆ ………… 小さじ½

❹

材料（太巻き1本分［約13cm長さ］）

卵	1
砂糖	小さじ
塩	少
さやいんげん	10
かに風味かまぼこ	4
マヨネーズ	大さじ
サラダ油	適

アレンジ

かにかまの代わりに、魚肉ソーセージやハムなどでも。

❄冷凍可　2〜3日

いんげんの花卵焼き

1 卵を割りほぐし、砂糖、塩を加えて混ぜる。

2 いんげんはヘタを切り落とし、熱湯で1〜2分ゆでる。

3 卵焼き器に油を薄くのばし、弱めの中火にして卵液を流し入れ、厚めの薄焼き卵を1枚つくる。

4 まな板などに取り出し、いんげんを並べ、マヨネーズをかける。かにかまをいんげんの中央にのせる。端から巻き、2cm幅に切る。

卵にいんげん、かにかまを並べる。手前に少し余白を残しておくと巻きやすい。

1 フライパンに油を熱し、卵を割
　り入れる。焼き色がついたら裏
　返し、両面焼く。
2 **Ⓐ**を加えてからめる。

memo ◁▭

加熱時間で半熟、かためなどお好みで。

アレンジ

ふっくら煮込みハンバーグ (P.60) と
一緒にごはんにのせればロコモコ風
に。

2〜3日

玉焼きのわさびしょうゆ

（2個分）

………………………………… 2個
しょうゆ、みりん‥各小さじ1
練りわさび……………… 少々
ラダ油……………… 小さじ1

1 ボウルに卵を溶きほぐし、**Ⓐ**を
　加えて混ぜる。
2 小鍋に油を熱し、①を入れて箸
　3〜4本で混ぜる。しっとりか
　たまってきたらグリンピースを
　加えて火を止め、混ぜる。

memo ◁▭

冷凍や生のグリンピースはゆでてから
使う。平らに広げて冷凍すると、使う分
だけ割って解凍しやすい。

アレンジ

そぼろごはんや野菜炒め、サラダなど
に使える。

冷凍可 **2〜3日**

の甘いり卵

（3〜4食分）

………………………………… 2個
砂糖……………………大さじ1
塩……………………………… 少々
リンピース（水煮）… 大さじ2
ラダ油………………… 小さじ1

1 ハム、チーズは5mm角に切る。玉ねぎ、パセリはみじん切りにする。

2 ボウルに卵を溶きほぐし、Ⓐ、①を加えて混ぜる。

3 直径18cm程度の小さいフライパンに半量のバターを溶かし、②の半量を入れる。全体に大きく混ぜ、半熟になったら折り返す。1〜2分焼く。

4 同様にもう1つ焼く。

memo

温かいうちにペーパータオルなどで押さえれば、形が整う。

アレンジ

好きな野菜を角切りし、さっと炒めて具にしても。

❄ 冷凍可　2〜3日

ハムチーズオムレツ

材料（小2個分）

卵	2個
Ⓐ 牛乳	大さじ2
塩、こしょう	各少々
ハム	1枚
チーズ	20g
玉ねぎ	1/8個
パセリ	1/2
バター	1

---

1 卵は溶きほぐし、Ⓐを加えて混ぜる。

2 じゃがいも、ピーマン、玉ねぎは1cm角に切り、じゃがいもは水にさらして水気をきる。ソーセージは1cm長さに切る。

3 直径18cm程度の小さいフライパンにオリーブ油を熱し、②を入れて炒める。塩、こしょうする。

4 野菜に火が通ったら、①を流し入れ、全体に大きく混ぜる。半熟になったら皿にすべらせて取り、ひっくり返してフライパンに戻す。

5 さらに2〜3分焼く。粗熱がとれたら、放射状に切る。

❄ 冷凍可　2〜3

スパニッシュオムレツ

材料（フライパン[18cm] 1枚分）

卵	3個
Ⓐ 牛乳	大さじ2
塩、こしょう	各少々
じゃがいも	1/2個
ピーマン	1個
玉ねぎ	1/8個
ソーセージ	2
塩、こしょう	各少
オリーブ油	大さじ1

「きほんの卵焼き」の つくり方

ふっくらおいしい卵焼きを焼くには、火加減に気をつけて。慣れてきたら、好きな具を入れてアレンジしましょう。→P.84

材料（つくりやすい分量）

卵	……………………………	3個
Ⓐ┌だし	…………………	大さじ2
｜砂糖	…………………	小さじ2
└塩	……………………	少々
サラダ油	………………………	少々

アレンジは次頁へ！

つくり方

1 卵はボウルに割り入れ、白身のかたまりを箸でつまみ上げて切る。ボウルの底に箸先をつけ前後させ、泡立てないよう溶きほぐす。Ⓐを加え混ぜる。

2 卵焼き器を弱めの中火で温め、油を薄くひく。卵液の1/3を流し入れ広げる。向こうから手前に3〜4回折り込む。

3 空いた部分に油を薄くひく。卵を向こう側に移し、手前にも薄くひく。

4 卵液の残りの半量を流し入れ、卵を持ち上げて下にも卵液を広げる。かたまってきたら再度折り込む。③、④を繰り返す。

卵焼き八変化

具を混ぜて焼いた、彩りも楽しい卵焼き8種を紹介します。

❶ 万能ねぎ入り

❷ まんまるソーセージ

❸ かにかま入り

❹ ツナパセリ入り

きほんの卵焼き

❺ しらす青菜入り

❻ 小松菜入り

❼ にんじん入り

❽ ブロッコリー入り

❶ 万能ねぎ入り

万能ねぎ（1本）は小口切りにし、卵液に加えてきほんの卵焼きと同様に焼く。

❷ まんまるソーセージ

魚肉ソーセージ（1本）は卵焼き器の横幅に切る。卵焼き器に卵液1/3量を流したら、ソーセージを向こう端におき、くるくると手前に転がす。残りの卵液もP.83の③、④を参考にして焼き、丸くつくる。

❸ かにかま入り

かにかま（3本）は2cm長さに切り、ほぐして卵液に混ぜる。きほんの卵焼きと同様に焼く。

❹ ツナパセリ入り

卵液にツナ（小1/4缶）、乾燥パセリ（少々）を加え、きほんの卵焼きと同様に焼く。

❺ しらす青菜入り

ゆでた青菜（1株）は1cm長さに切り、水気をしぼる。しらす干し（大さじ1）とともに卵液に加え、きほんの卵焼きと同様に焼く。

❻ 小松菜入り

小松菜（30g）は熱湯でさっとゆでて1cm長さに切る。卵液に加えて、きほんの卵焼きと同様に焼く。

❼ にんじん入り

にんじん（3cm）はせん切りにし塩（少々）をふって電子レンジで30秒加熱する。卵液に加えて、ほんの卵焼きと同様に焼く。

❽ ブロッコリー入り

ブロッコリー（30g）は熱湯でさっとゆで、細かく切る。卵液に加えて、きほんの卵焼きと同様に焼く

memo

焼いた後に巻きすで巻いて冷ますと、形がきれいに仕上がる。

うまみ
しっかり！

こくうまサブ

味つけのしっかりしたおかずです。
メインにボリュームが足りないときは
こくうまサブのおかずで調整しましょう。

1 鶏肉はひと口大に切る。🅐をもみ込む。

2 にんじん、たけのこは2cm長さの乱切り、ごぼうも皮をこそげ乱切りし、水にさらして水気をきる。こんにゃくも乱切りにし熱湯でゆでてアクを抜く。干ししいたけはひたひたの水でもどし、軸を取る。1個を3〜4つのそぎ切りにする。

3 いんげんは熱湯でさっとゆでて2〜3cm長さの斜め切りにする。

4 鍋にごま油を熱し、肉を炒める。色が変わったら②を入れる。

5 全体に油が回ったら、🅑を加える。アクを取り、落し蓋をして20〜25分弱火で煮る。蓋を取り、煮汁が少なくなるまで強めの中火で混ぜながら煮る。

6 いんげんを混ぜる。

memo

煮物は材料を小さめに切ることで早く味が染み込み、お弁当にもつめやすい。

4〜5日

筑前煮

材料（3〜4食分）

鶏もも肉	½枚
🅐 塩	小さじ⅙
🅐 酒	大さじ1
にんじん	½本
たけのこ（水煮）	100g
ごぼう	½本
こんにゃく	½枚
干ししいたけ	3個
さやいんげん	5本
🅑 だし	¾カップ
🅑 砂糖、みりん	各大さじ1
🅑 しょうゆ	大さじ2
ごま油	大さじ1

「ひたひたの水」は水面から材料が見え隠れするくらいが目安。

1 れんこんは皮をむき、5mm厚さ
の半月切りかいちょう切りにす
る。水にさらして水気をきる。
赤とうがらしは種を取り、小口
切りにする。

2 鍋にごま油を熱し、れんこん、
とうがらしを入れて炒める。

3 全体に油が回ったら🅐を加え、
中火で煮汁がなくなるまでいり
煮する。

4〜5日

れんこんきんぴら

料（3〜4食分）

んこん………… 小1節（150g）
とうがらし……………½本
だし………………… 大さじ2
砂糖…………………小さじ1
みりん、しょうゆ…各小さじ2
ま油………………大さじ½

1 れんこんは皮をむき、すりおろ
す。ザルにあげ、自然に水気を
きる。パセリは葉を摘む。

2 ①をボウルに入れ、🅐を加えて
混ぜる。

3 フライパンに油を熱し、②を
テーブルスプーンですくって入
れ、直径3cmの丸形にする。両
面2〜3分ずつ焼く。

4 しょうゆ、みりんを加え、強火
でからめる。

❄冷凍可　3〜4日

memo ◀

パセリは乾燥パセリやバジル小さじ½
でも代用可。れんこんが水っぽい場合
は、片栗粉を大さじ1程度に増やすと
まとまりやすくなる。

れんこんのもっちり焼き

料（小8個分）

んこん………… 小1節（150g）
パセリ……………………½枝
粉チーズ……………小さじ1
片栗粉………………大さじ½
塩、こしょう……………各少々

しょうゆ、みりん…各大さじ½
サラダ油………………大さじ1

4〜5日

大根のコチュジャン炒め

材料（3〜4食分）

大根················· 6㎝（約250g）
塩······························ 小さじ⅓
ピーマン······················ 1個
ちくわ······················· 2本
しょうが·················· 1かけ
長ねぎ······················· 5㎝
┌コチュジャン····· 大さじ1½
Ⓐ 酒、水·············· 各大さじ1
└砂糖、しょうゆ···· 各小さじ1
ごま油····················· 大さじ1

1 大根は1㎝角、3㎝長さの拍子木切りにし、塩をして約10分おく。水気をしっかりしぼる。

2 ピーマン、ちくわも大根と同様に切る。しょうが、ねぎはみじん切りにする。

3 Ⓐは合わせる。

4 フライパンにごま油を熱し、しょうが、ねぎを炒める。香りが出たら大根、ピーマン、ちくわを入れ、3〜4分強火で炒める。

5 ③を加え、汁気がなくなるまで炒める。

memo ◀

ちくわを加えるとボリューム感
満足度アップにつながる。ちくわ
は冷凍もでき、お弁当のおかず
重宝する。

88

1 大根は1cm厚さのいちょう切り
　にする。熱湯で2〜3分ゆで、
　水気をきる 。
2 しょうがはせん切りにする。
3 鍋にすべての材料を入れ、落し
　蓋をして約15分煮る。

memo

大根を下ゆですると臭みが抜け、時間
が経ってもおいしい。ツナがだし代わ
り。水でつくってもうまみが出る。

4〜5日

大根とツナのオイスター煮

料（3〜4食分）

大根……………………10cm（400g）	オイスターソース、酒	
ツナ缶……………………… 小½缶	………………… 各大さじ1	
しょうが……………………… 1かけ		
水……………………………½カップ		
砂糖、しょうゆ……… 各小さじ1		

1 ごぼうは皮をこそげ、乱切りに
　する。水にさらして水気をきる。
　こんにゃくも乱切りにし、熱湯
　でさっとゆでてアク抜きする。
2 豚肉は3cm幅に切る。
3 鍋にすべての材料を入れ、肉を
　ほぐしながら火にかける。アク
　を取り、落し蓋をして煮汁が少
　なくなるまで約15分煮る。

memo

だし要らずの手軽な煮物。豚肉はもも
薄切り、こま、切り落としなどお好みで。

4〜5日

ごぼうと豚肉の煮物

料（3〜4食分）

ごぼう……………………………½本	しょうゆ…………………小さじ1	
こんにゃく………………………¼枚		
豚肉………………………………50g		
水……………………………½カップ		
オイスターソース、みりん		
………………… 各大さじ1		

材料（3〜4食分）

かぼちゃ	100
なす	1 1
ピーマン	2 1
鶏むね肉	½ 1
Ⓐ 塩、酒	各少々
片栗粉	大さじ
┌ だし	⅓ カッ
Ⓑ 砂糖	大さじ1
└ しょうゆ、酢	各大さじ1 1
揚げ油	適量

memo ◁▭

肉は鶏もも肉や豚肉でも。肉に片栗
粉をつけるとふっくらした食感に
酢が入るので保存力UP。

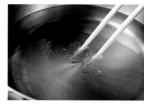

ぬらして水気を拭いた菜箸を鍋の
中心に入れ、出る泡で温度をはか
る。小さい泡なら約160℃（写真）
やや大きめの泡なら約170℃、勢
いよくたくさんの泡が出れば180
〜190℃が目安。

4〜5日

野菜と鶏のじんわり揚げ浸し

1 かぼちゃは5㎝長さ、1㎝厚さ
に切る。なすは1㎝厚さの輪切
り、ピーマンはヘタと種を取り、
2㎝幅、長さを半分に切る。

2 鶏肉はひと口大に切り、**Ⓐ**をも
み込む。片栗粉をまぶす。

3 **Ⓑ**は合わせる。

4 油を160℃に熱し、水気を拭い
た野菜を揚げる。さらに油を
170〜180℃にし、肉を揚げる。
温かいうちに③に漬ける。

❄冷凍可　4〜5日

かぼちゃのほっくり甘煮

材料（3〜4食分）
かぼちゃ……………… ¼個（300g）
❶ だし…………………… ¾カップ
❶ 砂糖、みりん…… 各大さじ1
❶ しょうゆ…………… 大さじ1½

1 かぼちゃは種とワタを取り、皮をところどころむいて2cm角に切る。
2 鍋にかぼちゃの皮を下にして入れ、❶を加える。落し蓋をして10〜15分煮る。

memo
皮を下にして煮ると煮崩れしにくい。

アレンジ
すりごまをふってもおいしい。

❄冷凍可　3〜4日

かぼちゃサラダ

材料（3〜4食分）
かぼちゃ……………… ¼個（300g）
塩、こしょう…………… 各少々
玉ねぎ…………………… ⅛個
ハム……………………… 2枚

　┌ ヨーグルト………… 大さじ2
❶ │ マヨネーズ………… 大さじ2
　└ 塩、こしょう………… 各少々

1 かぼちゃは種とワタを取り、水にくぐらせてラップで包む。電子レンジで約3分、裏返してさらに約3分加熱する。温かいうちにボウルに入れ、フォークなどで皮ごとつぶし、塩、こしょうをふる。
2 玉ねぎ、ハムは粗みじん切りにする。
3 ①の粗熱がとれたら②、❶を加えて混ぜる。

memo
かぼちゃは加熱時間長めなのでつぶしやすい。

1 かぼちゃは種とワタを取り、2
cm角に切る。柑橘類は皮をよく
洗い、5mm厚さの半月切りにし、
種を取る。
2 鍋にかぼちゃの皮を下にして入
れ、柑橘類、🅐を加える。落し
蓋をして弱火で約15分煮る。

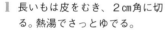 memo

輸入レモンの場合は皮をむくか、汁だ
けを加えてもよい。国産のものなら皮
の苦みも心地よい。

4〜5日

かぼちゃのさわやか煮

材料（3〜4食分）

かぼちゃ……………1/6個（200g）
レモン、ゆずなど…………1/2個
水……………………3/4カップ
🅐砂糖……………… 大さじ2
塩…………………小さじ1/4

---

1 長いもは皮をむき、2cm角に切
る。熱湯でさっとゆでる。
2 鍋に🅐、長いもを入れ、落し蓋
をして弱火で10〜15分煮る。

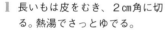 memo

長いもは下ゆでするとぬめりが取れ、
味の染み込みがよくなる。

3〜4日

長いものほっくり煮

材料（3〜4食分）

長いも ………………………… 15cm
だし ………………3/4カップ
みりん………………大さじ1
🅐塩…………………小さじ1/4
しょうゆ……………小さじ1/2

1 さつまいもは1.5cm厚さの輪切りか半月切りにし、水にさらして水気をきる。
2 鍋にすべての材料を入れ、落し蓋をして約15分煮る。

memo
「食べる煮干し」は、そのままで食べられ、健康的なおやつやおつまみになる。いろいろな商品が市販されている。

4〜5日

さつまいもの田舎煮

料（3〜4食分）

つまいも……… 小1本(200g)
べる煮干し
　またはちりめんじゃこ…… 5g
………………… ½カップ
糖…………………… 大さじ½
りん………………… 大さじ1

しょうゆ…………………… 小さじ2

1 さつまいもは1.5cm厚さの輪切りか半月切りにする。水を2〜3回換えてよくさらす。
2 レモンはよく洗い、輪切りを2枚とり、いちょう切りにする。残りは汁をしぼる。
3 鍋にすべての材料を入れ、落し蓋をして15〜20分煮る。

memo
細めのさつまいもを使い輪切りにすると煮崩れしにくい。

4〜5日

さつまいものレモン煮

料（3〜4食分）

つまいも……… 小1本(200g)
モン………………………½個
………………………¾カップ
糖…………………… 大さじ3
塩………………… 小さじ¼

材料（3〜4食分）

じゃがいも……… 大1個(200g
赤ピーマン ………………… 2個
長ねぎ ………………………… 10c
豚肩ロース薄切り肉………… 50
Ⓐ┌塩、こしょう…………各少々
　└片栗粉…………………小さじ
Ⓑ┌オイスターソース…大さじ
　│しょうゆ、みりん
　└ ………………… 各大さじ½
サラダ油……………大さじ1½

memo

じゃがいもは生から炒めるので
ピーマンを加える前に火が通っ
か確認する。

じゃがいもは水にさらすことで
クによる変色を防ぐ。表面の粉
ぽさが取れるので、料理をすっ
りと仕上げる効果もある。

（4〜5日）

じゃがいもと豚肉のオイスター炒め

1 じゃがいもは皮をむき、8mm厚
　さの半月切りかいちょう切りに
　する。水にさらして水気をきる。
　赤ピーマンは種を取り1cm幅、
　半分の長さに斜め切りする。ね
　ぎは斜め薄切りにする。

2 豚肉は3cm幅に切り、Ⓐで下味
　をつける。

3 Ⓑは合わせる。

4 フライパンに油大さじ½を熱
　し、肉を炒めて取り出す。

5 残りの油を入れ、じゃがいもを
　炒める。火が通ったら、ピーマ
　ン、ねぎを加えて強火で炒める。
　肉を戻し入れ、③を加えて調味
　する。

4〜5日

みそ肉じゃが

料（3〜4食分）

ゃがいも………	大1個（200g）
ねぎ…………	¼個
んじん………	¼本
らたき………	½袋
ょうが………	1かけ
こま肉………	80g

Ⓐ
だし……………	¾カップ
砂糖、酒………	各大さじ1
みそ……………	大さじ1½
しょうゆ………	大さじ½

1 じゃがいもは皮をむき、2cm角に切る。玉ねぎは2cm幅のくし形切り、にんじんは5mm厚さの半月切りにする。しらたきは7〜8cmに切り、熱湯でさっとゆでてアクを抜く。しょうがは皮をこそげ、薄切りにする。

2 鍋にⒶとしょうがを入れて火にかける。沸騰したら豚肉を入れ、アクを取る。野菜としらたきを加え、落し蓋と蓋をして約20分煮る。

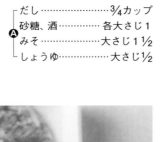

❄冷凍可　3〜4日

じゃがいもとしらすのカリカリ焼き

料（フライパン[18cm]1枚分）

ゃがいも………	2個
らす干し………	大さじ4
片栗粉…………	小さじ1
塩………………	小さじ¼
こしょう、バジル（乾燥）……各少々	

オリーブ油………… 大さじ2

1 じゃがいもは皮をむき、せん切りにする。ボウルに入れ、しらす、Ⓐを加えて混ぜる。

2 フライパンにオリーブ油を熱し、①を広げる。両面を3〜4分ずつ押しつけながらこんがりと焼く。

3 冷めたら放射状に切る。

memo
じゃがいもは水にさらさず、切ったまま使うのがバラバラにならないコツ。スライサーを使えば、簡単にせん切りができる。

アレンジ
しらすの代わりにベーコンを使ってもOK。ベーコンから油が染み出てカリッと揚げ焼きに。

95

3～4日

サイコロポテトサラダ

材料（3～4食分）

じゃがいも………… 2個（300g）
にんじん……………………¼本
┌塩……………………………小さじ¼
Ⓐ酢……………………………小さじ1
└こしょう……………………少々
チーズ ……………………………20g
きゅうり………………………½本
塩………………………………少々
玉ねぎ………………………⅛個
┌マヨネーズ………… 大さじ2
Ⓑ└粒マスタード……… 大さじ½

1　じゃがいもは皮をむき、1cm
角に切る。水にさらして水気
をきる。にんじんは7mm角に
切る。

2　①を一緒に約10分ゆでる。や
わらかくなったらゆで汁を捨
て、再び火にかけて鍋をやさ
しくゆすりながら水分をとば
す。温かいうちにⒶを混ぜて
冷ます。

3　チーズ、きゅうりは1cm角に
し、きゅうりは塩をし、5分
ほどおいて水気をしぼる。玉
ねぎはみじん切りにする。

4　ボウルにⒷを混ぜ、②、③を
加えて混ぜる。

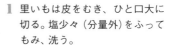

冷凍可　4〜5日

1 里いもは皮をむき、ひと口大に切る。塩少々（分量外）をふってもみ、洗う。

2 鍋にすべての材料を入れ、落し蓋をして約15分、煮汁がなくなるまで煮る。

memo
豆板醤がなければ、七味や一味唐辛子を加えても。

里いものピリッと煮っころがし

料（3〜4食分）

いも	250g	砂糖	大さじ½
２/３カップ		みりん	大さじ1
ープの素	小さじ½	しょうゆ	小さじ2
板醤	小さじ¼〜⅓		

4〜5日

1 里いもは皮をむき、ひと口大に切る。塩少々（分量外）をふってもみ、洗う。しょうがは皮をこそげ、薄切りにする。

2 鍋に❹としょうがを入れて火にかける。沸騰したら牛肉を入れ、アクを取る。里いもを加え、落し蓋をして約15分、煮汁が少なくなるまで煮る。

里いもと牛肉の田舎煮

料（3〜4食分）

いも	250g	┌だし	¾カップ
ょうが	1かけ	❹砂糖	大さじ½
こま肉	50g	└みりん、しょうゆ‥各大さじ1	

1 パプリカは種を取り、ズッキー
ニ、玉ねぎ、なすとともに1.5cm
角に切る。にんにくはみじん切
りにする。オリーブは半分に切
る。

2 鍋にオリーブ油、にんにくを入
れ弱火にかける。香りが出たら
野菜を加え、強火で炒める。

3 全体にしんなりしたら中火にし、
トマト缶を加えてつぶしながら
煮る。オリーブ、塩、こしょう
を加え、蓋をして約20分、煮汁
が少なくなるまで煮る。

3～4

野菜たっぷりカポナータ

材料（3～4食分）

黄パプリカ ………………… ½個　　ホールトマト缶 ………… ½
ズッキーニ ………………… ½本　　塩 ………………… 小さじ
玉ねぎ ……………………… ¼個　　こしょう ………………… 少
なす ………………………… 1個　　オリーブ油 ………… 大さじ
にんにく …………………… 1片
ブラックオリーブ ………… 6粒

1 アスパラは根元を切り落とし、
根元に近いかたい部分の皮を薄
くむく。4cm長さの斜め切りに
する。にんじんは短冊切りにす
る。赤とうがらしは種を取る。

2 フライパンにごま油を熱し、①
を炒める。🅐を加え、汁気がな
くなるまで炒め煮する。

2～3E

アスパラきんぴら風

材料（3～4食分）

グリーンアスパラガス　　　　　　┌砂糖 ………………… 小さじ
　………… 1束（5～6本）　🅐│みりん、しょうゆ ‥ 各大さじ
にんじん ………………… 4cm　　└ごま油 ………………… 小さじ
赤とうがらし ……………… ½本

3～4日

1 ブロッコリーは小房に分ける。茎は皮を厚めにむき、ひと口大に切る。たらこは薄皮を取り、ほぐす。
2 フライパンにブロッコリー、分量の水を入れ、蓋をして2～3分蒸し煮にする。
3 ブロッコリーに火が通ったら、油、たらこを加えて強火で炒める。最後にしょうゆをかけて混ぜる。

ブロッコリーのたらこ炒め

料 (3～4食分)
ロッコリー ……… ½株(100g)
………………………… 大さじ1
らこ ……………… ¼腹(20g)
ラダ油……………… 小さじ1
ょうゆ……………… 小さじ1

3～4日

1 玉ねぎは2cm幅のくし形に切り、長さを半分にする。きゅうりは5mm厚さの小口切りにする。豚肉は2cm幅に切る。
2 湯を沸騰させ、塩少々(分量外)を入れ、玉ねぎ、豚肉をゆでる。取り出す直前にきゅうりを加え、ザルにあげる。水気をよくきる。
3 **A**を混ぜ、②をあえる。

memo
塩を入れてゆでると下味がつき、水分が出て味が締まる。

玉ねぎと豚肉のわさびマヨネーズあえ

料 (3～4食分)
ねぎ ………………………… 1個
ゅうり…………………… ¼本
バラ薄切り肉 …………… 50g
マヨネーズ……… 大さじ1½
練りわさび……… 小さじ½
しょうゆ……………… 小さじ1

4〜5日

なすの中国風炒め煮

材料（3〜4食分）

なす………………… 3個（200g）
万能ねぎ………………………… 2本
干しえび………………………大さじ1
にんにく………………………… 1片
赤とうがらし…………………½本
┌オイスターソース…大さじ½
│スープの素、しょうゆ
Ⓐ　　………………… 各小さじ½
└水………………………¼カップ
ごま油……………………大さじ1

1　なすはヘタを取り、縦半分に切る。5mm幅に切り込みを入れながら、2〜3cm幅の斜め切りにする。ねぎは1cm幅の斜め切りにする。

2　干しえびはひたひたの水でもどし、にんにくとともにみじん切りにする。赤とうがらしは種を取る。

3　鍋にごま油、②を入れ、弱火で炒める。香りが出たら強火にし、なすの皮を下にして入れ、1〜2分炒める。Ⓐを入れ、落し蓋をして煮汁がほとんどなくなるまで10〜15分煮る。万能ねぎを加え、さっと混ぜる。

memo
干しえびは中華食材で、おこわ
スープなどにも使う。なければ
えびでも。

1 にんじんは1cm厚さの輪切りにする。
2 鍋にすべての材料を入れ、落し蓋をして弱火で約10分、煮汁が少なくなくなるまで煮る。

❄冷凍可　4〜5日

にんじんスープグラッセ

料（3〜4食分）

んじん…………………	1本（200g）
……………………………	½カップ
糖…………………………	大さじ2
ープの素………………	小さじ½
ラダ油…………………	小さじ1

4〜5日

1 オクラはガクを取り、塩少々（分量外）をふってこすり、洗う。2cm長さの斜め切りにする。玉ねぎは薄切り、レーズンはさっと洗う。
2 鍋にサラダ油を熱し、①を炒める。
3 Ⓐを加え、5〜6分煮る。

オクラのカレー煮

料（3〜4食分）

クラ………………………… 1袋	┌ スープの素………… 小さじ½
ねぎ……………………… ⅛個	│ 水…………………… ½カップ
ーズン……………… 小さじ2	Ⓐ カレー粉…………… 小さじ1
	└ しょうゆ…………… 小さじ½
	サラダ油……………… 大さじ½

101

4〜5日

なすと豚肉のみそ炒め

材料（3〜4食分）

なす………………… 3個（200g）
長ねぎ（みじん切り）…… 5cm分
しょうが（みじん切り）‥ 1かけ分
豚バラ肉 …………………50g
Ⓐ ┌塩、酒………………各少々
  └片栗粉………………小さじ1
Ⓑ ┌みそ ………………大さじ2
  │みりん………………大さじ1
  └砂糖 ………………小さじ1
サラダ油………… 大さじ2½

1 なすはヘタを取り、縞目に皮を
  むく。縦半分に切り、1.5cm幅の
  斜め切りにする。水にさらして
  水気をきる。

2 豚肉は3cm幅に切り、Ⓐで下味
  をつける。Ⓑは合わせる。

3 フライパンに油大さじ½を熱
  し、ねぎ、しょうが、豚肉を炒
  めて取り出す。残りの油を入れ、
  ①を炒める。全体に油が回った
  ら蓋をし、弱火で3〜4分蒸し
  煮する。

4 中火にして肉を戻し入れ、Ⓑを
  加える。汁気がなくなるまで炒
  め煮する。

3〜4日

1 たけのこは穂先を1cm幅のくし形に、根元を1cm厚さのいちょう切りにする。桜えびは水大さじ3（分量外）につけてもどす。
2 鍋にたけのこ、Ⓐ、桜えびを汁ごと入れ、落し蓋をして煮汁が少なくなるまで弱火で約15分煮る。

たけのこと桜えびの煮物

料（3〜4食分）

けのこ（水煮）……………… 1本
えび…………………… 大さじ1
だし………………… ½カップ
みりん………………大さじ1½
しょうゆ……………… 小さじ1
塩…………………… 小さじ⅙

1週間

1 ポリ袋（または保存容器）にみそ、砂糖を入れて混ぜる。
2 きゅうりは塩少々（分量外）をふってまな板の上で転がしてこすり（板ずり）、さっと洗う。半分に切って①に入れ、空気を抜いて口をしめる。1日以上漬ける。

memo

古くなってきたきゅうりも、漬け物にすれば日持ちしてムダなく食べられる。お弁当につめるときは食べやすく切る。

きゅうりのみそ漬け

料（2本分）

きゅうり…………………… 2本
みそ…………………… 大さじ2
砂糖…………………… 小さじ1

1 いんげんはヘタを切り、3cm長さに切って、熱湯で2〜3分かためにゆでる。

2 玉ねぎは薄切りにして長さを半分に、ベーコンは1cm幅に切る。

3 フライパンにオリーブ油を熱し、ベーコンを炒める。ベーコンから油が出てきたら、玉ねぎ、いんげんを加えて炒める。

4 塩、カレー粉を加えて調味する。

memo
いんげんはゆでずにラップで包み、電子レンジで2〜3分加熱してもOK。

いんげんとベーコンのカレー炒め

材料（3〜4食分）

さやいんげん	20本
玉ねぎ	1/6個
ベーコン	2枚
塩	小さじ1/6
カレー粉	小さじ1
オリーブ油	大さじ1

1 いんげんはヘタを切り落とし、斜め薄切りにする。ピーナッツは粗く刻む。

2 ささみはスジを取って細切りにし、Ⓐをふる。赤とうがらしは種を取って小口切りにする。

3 フライパンに油を熱し、ささみ、いんげん、赤とうがらしを加えて3〜4分炒める。肉に火が通ったらピーナッツを加え、しょうゆ、みりんで調味する。

アレンジ
ピーナッツの代わりに、アーモンド、カシューナッツなどでも。鶏ささみは鶏もも肉、むね肉40〜50gでも。

いんげんのピーナッツ炒め

材料（3〜4食分）

さやいんげん	20本	赤とうがらし	1/2本
バターピーナッツ	大さじ2	しょうゆ、みりん	各大さじ1/2
鶏ささみ	1本	サラダ油	大さじ1/2
Ⓐ塩、酒	各少々		

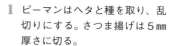

1 ピーマンはヘタと種を取り、乱
　切りにする。さつま揚げは5mm
　厚さに切る。
2 フライパンを温めてバターを溶
　かし、①を炒める。ソースを加
　えて混ぜる。

memo

さつま揚げのうまみも手伝って、ソー
スとバターだけでも深い味わいに。

アレンジ

赤ピーマンは、パプリカ¼個でもOK。
さつま揚げは、ちくわやかまぼこに代
えても。ソースはウスターやとんかつ
ソースなど、お好みのものでも。

`3～4日`

ピーマンとさつま揚げのソース炒め

材料（3～4食分）

ピーマン	4個
赤ピーマン	1個
さつま揚げ	2枚
中濃ソース	大さじ1
バター	5g

1 キャベツは芯を取り、小さめの
　ザク切りにする。ピーマンはヘ
　タと種を取り1cm幅に、にんじ
　んは半月の薄切りにする。
2 フライパンに油を熱し、にんじ
　ん、ピーマン、キャベツの順に
　加えて炒める。
3 全体に油が回ったらツナ、Aを
　入れ、汁気がなくなるまで強火
　で炒める。

`2～3日`

キャベツとツナのみそ炒め

材料（3～4食分）

キャベツ	3枚(150g)
ピーマン	1個
にんじん	3cm
ツナ缶	小½缶(40g)

A ┌みそ ……… 大さじ1½
　└みりん ……… 大さじ1
　サラダ油 ……… 大さじ½

材料（3〜4食分）

マカロニ	50［
卵	1個
むきえび	50
Ⓐ 塩	小さじ1／
白ワイン	大さじ1
きゅうり	1／2本
塩	少々
Ⓑ マヨネーズ	大さじ2
酢	小さじ1
練りからし	適宜

(memo ◀)

ワインがなければ日本酒でもOK。

(アレンジ)

えびの代わりに、ハムや魚肉ソーセージでも。

ゆで卵は次の3ステップでつる✕とむける。**1**卵は冷蔵庫から出し水につけて常温にしておく（卵は新鮮なものより、日の経ったものほうが殻がむきやすい）。**2**水からゆで、ゆで終わったらすぐつにつける。**3**卵の底（丸いほう）の殻を割って水につけながらむく。

3〜4日

マカロニサラダ

1 熱湯に塩を入れ（湯1ℓに塩小さじ1の割合）、マカロニを表示時間通りにゆでる。

2 卵は水から火にかけ、沸騰してから約10分ゆでる。すぐに水にとって冷やし、殻をむいて粗みじん切りにする。

3 えびは背わたをとり、2cmに切る。Ⓐを加えてラップをかけ、電子レンジで1〜2分加熱する。

4 きゅうりは小口切りにし、塩をして約5分おく。水気をしぼる。

5 ボウルにⒷを入れて混ぜ、①、②、③、④を混ぜる。

卵スライサーがあれば、縦と横でスライスすればみじん切りに。なければフォークでつぶします。

`3〜4日`

かぶと厚揚げの煮物

料（3〜4食分）

ぶ ……………………… 2個	┌ だし …………………… ¾カップ
ょうが ………………… 1かけ	Ⓐ 砂糖 ………………… 大さじ½
揚げ …………………… ½枚	└ みりん、しょうゆ‥ 各大さじ1

1 かぶは実と葉を切り離し、実は皮をむき、4〜6等分のくし形に切る。葉は熱湯でさっとゆでて3㎝長さに切る。しょうがは薄切りにする。

2 厚揚げは熱湯をかけ、油抜きする。2〜3㎝幅、1㎝厚さ程度に切る。

3 鍋にⒶ、しょうが、厚揚げを入れ、5〜6分煮る。かぶの実を加え、さらに4〜5分煮る。葉は添える。

memo

春のかぶはやわらかく煮崩れしやすいので、余熱を考え短めの時間で少しかために煮る。かぶの葉は別の容器に入れるか、ラップに包んで保存すると色が変わりにくい。

`4〜5日`

厚揚げとこんにゃくのいり煮

料（3〜4食分）

揚げ …………………… ½枚	┌ だし …………………… ¼カップ
んにゃく ……………… ½枚	Ⓐ 砂糖 ………………… 大さじ½
とうがらし …………… ½本	└ しょうゆ、酒 ……… 各大さじ1
	ごま油 ………………… 小さじ1

1 厚揚げは熱湯をかけ、油抜きする。2〜3㎝幅、1㎝厚さに切る。こんにゃくも同じ大きさに切り、熱湯でゆでてアクを抜く。赤とうがらしは種を取る。

2 鍋にごま油を熱し、こんにゃく、赤とうがらしを炒める。厚揚げを加え、やさしく炒める。

3 Ⓐを加え、煮汁がなくなるまでいり煮する。

切り干し大根の煮物

材料（3〜4食分）
切り干し大根（乾燥）………20g
干ししいたけ ……………… 2個
にんじん…………………… 3㎝
しょうが ………………… 1かけ
油揚げ …………………… ½枚
┌切り干し大根、干ししいたけの
│ もどし汁 …………… ⅔カップ
Ⓐ和風だしの素 ……… 小さじ½
│ みりん………………… 大さじ1
└しょうゆ …………… 小さじ2
ごま油 …………………… 大さじ½

1 切り干し大根、干ししいたけは
さっと洗い、それぞれかぶるく
らいの水につけてもどす。水気
をしぼり、もどし汁はとってお
く。干ししいたけは軸を取り、
薄切りにする。

2 にんじん、しょうが、油揚げは
2〜3㎝長さのせん切りにする。

3 鍋にごま油を熱し、①、②を炒
める。全体に油が回ったらⒶを
加え、落し蓋をして煮汁がほと
んどなくなるまで弱火で15〜
20分煮る。

memo ◀▭▭
切り干し大根は10〜20分でも
る。干ししいたけは30分以上
につけてもどす。冷蔵庫で一晩
につけておくと、さらにしっか
もどる。

1 しいたけは軸を取り、5mm厚さに切る。しめじは根元を切り、小房に分ける。えのきだけは根元を切り、長さを半分にしてほぐす。

2 赤とうがらしは半分に切り、種を除く。

3 鍋にすべての材料を入れ、煮汁が少なくなるまで4〜5分、中火でいり煮する。

memo

ほかにエリンギ、まいたけなど。いろいろなきのこでつくると変化があって楽しい。合計で200〜300gにする。

きのこの当座煮

料（3〜4食分）

いたけ……………… ½パック
めじ ……………… 1パック
のきだけ …………… 1袋
とうがらし ……………… 1本
み昆布……………… ひとつまみ
ょうゆ、みりん…… 各大さじ3

1 干ししいたけはたっぷりの水に30分以上つけてもどし、軸を取る。こんにゃくは2cm角、5mm厚さに切り、下ゆでしてアクを抜く。しょうがはせん切りにする。昆布はひたひたの水につけてもどし、2cm角に切る。

2 鍋にすべての材料（昆布はもどし汁ごと）を入れて中火にかける。沸騰したらアクを取り、落し蓋をして煮汁がほとんどなくなるまで弱火で約20分煮る。

しいたけとこんにゃくの含め煮

料（3〜4食分）

ししいたけ…………… 小8個
んにゃく……………… ¼枚
ょうが……………… 1かけ
布……………………… 5cm
し……………………… ¾カップ

砂糖、みりん、しょうゆ
……………… 各小さじ2

109

1 昆布は水でぬらし、約5分おく。
　1cm角に切る。
2 鍋にすべての材料を入れ、落し
　蓋と蓋をして弱火で15〜20分、
　煮汁が少なくなるまで煮る。

❄ 冷凍可　1週間

豆昆布

材料（5〜6食分）
ゆで大豆⋯⋯⋯中1缶（約120g）
昆布⋯⋯⋯⋯⋯⋯⋯⋯⋯⋯⋯ 8cm
だし⋯⋯⋯⋯⋯⋯⋯⋯⋯⋯½カップ
砂糖、しょうゆ、みりん
　⋯⋯⋯⋯⋯⋯⋯⋯⋯各小さじ2

1 ごぼうは皮をこそげ、にんじん、
　こんにゃくとともに1cm角に切
　る。こんにゃくは熱湯でさっと
　ゆでてアクを抜く。
2 干ししいたけと昆布は分量の水
　につけてもどす。干ししいたけ
　は軸を取り、昆布とともに1cm
　角に切る。もどし汁はこす。
3 鍋にすべての材料（もどし汁も）
　を入れて火にかける。アクを取
　り、落し蓋をして15〜20分弱
　火で煮る。

memo
大豆は缶詰やレトルトパックなどで
OK。

4〜5日

五目豆

材料（5〜6食分）
ゆで大豆⋯⋯⋯中1缶（約120g）
ごぼう⋯⋯⋯⋯⋯⋯⋯⋯⋯⋯ 15cm
にんじん⋯⋯⋯⋯⋯⋯⋯⋯⋯40g
こんにゃく⋯⋯⋯⋯⋯⋯⋯⋯⅓枚
干ししいたけ⋯⋯⋯⋯⋯⋯ 2個
昆布⋯⋯⋯⋯⋯⋯⋯⋯⋯⋯⋯ 5cm
水⋯⋯⋯⋯⋯⋯⋯⋯⋯⋯⋯1カッ
砂糖⋯⋯⋯⋯⋯⋯⋯⋯⋯⋯⋯大さじ
みりん、しょうゆ
　⋯⋯⋯⋯⋯⋯⋯⋯各大さじ1

3〜4日

1 がんもは竹串でところどころ穴をあけ、さっと熱湯をかけて水気をきる。
2 にんじん、長いもは1cm厚さの輪切りか半月切りにする。
3 鍋に**A**、がんも、にんじんを入れ、落し蓋をして約15分、弱火で煮る。長いもを加え、さらに約10分煮る。

memo ◁
ひと口がんもがなければ普通のがんもを4等分程度に切って使う。

ひと口がんもと野菜の煮物

料 (3〜4食分)

と口がんも… 1袋(5〜6個)	
んじん ½本	
いも 8cm	

だし 1カップ	
砂糖 大さじ½	
A みりん 大さじ1	
塩 小さじ⅓	
しょうゆ 小さじ2	

❄冷凍可 4〜5日

1 ねぎは小口切りにする。卵は割りほぐす。
2 **A**を混ぜ、①、コーン、桜えびを混ぜる。
3 フライパンに油を熱し、②を大さじ1程度ずつ丸く広げる。焦げ目がついたら裏返し、両面を2〜3分ずつ焼く。

memo ◁
マヨネーズを混ぜることで、時間が経ってもパサつきにくくなる。

コーンピカタ風

料 (3〜4食分)

ーン(ゆでたものまたは缶)	
50g	
えび 大さじ2	
能ねぎ 2本	
1個	

小麦粉 大さじ2	
A 水 大さじ1	
マヨネーズ 大さじ½	
こしょう 少々	
サラダ油 小さじ2	

お弁当を続けるための工夫

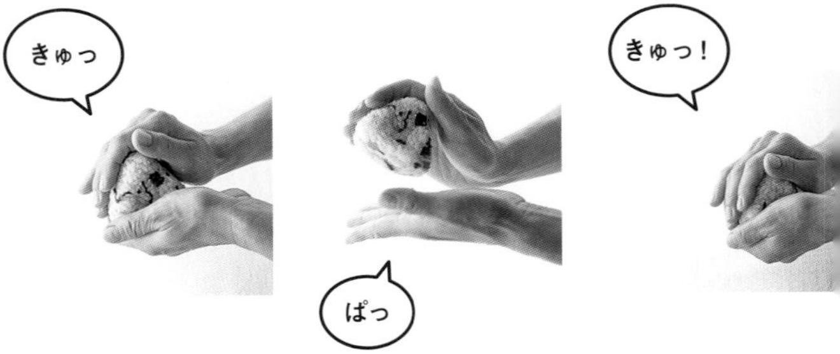

きっかけはナポリタン

私がお弁当をつくりはじめたのは、高校生のころです。母は料理上手でしたが、持たせてくれたお弁当は、いかにも「日本のおかず」という感じの卵焼きや煮物。味はおいしかったものの、「もっと自分の好きなものが食べたい！」と思ったのが、お弁当生活のきっかけです。
だから、私のつくるお弁当はなんでもアリのお好み弁当！ 当時としてはめずらしいナポリタンスパゲティやピラフなど、みんながお弁当には持ってこないものをつくりました。
いまでも「食べたいものをおかずに」という点は変わっていません。これが、今日までお弁当を続けてこられた秘訣だと思います。

おにぎり１個でもお弁当！気楽がいちばん

お弁当づくりを長く続けるコツは、気負いすぎないこと。毎日毎日凝ったお弁当をつくっていると、いつか息切れしてしまいそうでしょ。
夕飯の残り物でも立派なおかず、おにぎり１個でも立派なお弁当だと、私は思います（そう自分に言い聞かせています）。
おにぎりも、朝から握らなくていいんです。最近は、ごはんをたくさん炊いて冷凍しておくご家庭が多いのでは？ 私は、冷凍するごはんの一部をラップで握っておにぎりにしています。そのとき、ふりかけを混ぜたり、中にちょっとした具を入れておくんです。時間がない朝は、チンしてのりを巻けば、ハイ！ できあがり！
もし会社や学校に電子レンジがあるなら、のりと冷凍したおにぎりを持ち出すだけです。
おにぎりの具は、冷凍できる鮭（市販のフレークでOK！）や梅干し、焼きたらこ、塩昆布などがおすすめ。おかかふりかけも、ふだん家にあるけずりがつおとしょうゆでつくれるので重宝します。おにぎりのレシピは、P.150でも紹介しています。

きれいなお弁当箱が明日につながる

夫はいつのころからか、職場でお弁当箱を洗って返してくれるようになりました。これ、とっても助かっています。
食べ終わった空のお弁当箱っ帰ってうちで蓋を開けると、んともいやなムッとしたにおいがするでしょ。時間が経ったれを洗うのは、ちょっとしたトレス。気づかないうちに、弁当を「めんどうなもの」に思せるハードルになっています。
もしできるなら、職場や学校食べた後すぐに洗っておくと次の日お弁当箱を開けてすぐおかずをつめられます。洗えくても、ティッシュでさっといておくだけで、洗う手間がいぶん違いますよ。
夫には、細やかな気遣いに感こんな「ありがとう」の気持ちやりとりも、手づくりのお弁のよさですよね。

満足度アップの
必訣は
「すき間おかず」

あると便利なすき間おかず

**ゆでた
ブロッコリー**
いろどり、栄養
をプラス。小
房に分けて冷
凍もできる。

ミニトマト
真っ赤な色と
かわいい形が
お弁当を華や
かに。

ちくわ
もちもち食感
が楽しい。冷
凍でき、解凍
しなくても包
丁で切れる。

かにかま
じんわりした
うまみが嬉し
い。いろどり
も鮮やかに。

煮豆
やさしい甘さ
がお弁当の味
わいに緩急を
つけてくれる。

漬け物
塩味、酸味が
ごはんのおと
もに。ポリボ
リッ! といい
音でどうぞ。

「物足りないお弁当」対策

かずをお弁当箱につめ終わっ
のに、何か物足りない、「でき
がり」と感じないことがあり
す。そんなときは、すき間お
ずの出番。

味が足りなければ、ミニトマ
かゆでたブロッコリーを加え
す。少しボリューム不足に感
たら、かにかまやちくわ。味
いにバリエーションが欲しけ
ば、甘い煮豆や箸休めになる
け物をプラスします。

ろどりのいいものや、日持ち
するものを常備しておくと、
弁当の仕上げに便利です。

ごはんに愛をひとふり

はんも真っ白じゃさびしいの
、ひと工夫しています。ふり
けやごま、ゆかりをふっても
いし、梅干しは食中毒予防に
なります。

すすめは雑穀ごはん。もちも
、ぷちぷちした食感が冷めて
おいしく、おかずが少なくて
「食べた〜!」という満足感が
ります。白米に混ぜて一緒に
くだけの商品がいろいろ出て
るので、ぜひお弁当に試して
てください。

たまには変わり弁当を

食べる日のシーンに合わせて、
いつものお弁当と少し趣向を変
えるのも新鮮です。

たとえば、バタバタしてお昼休
みがゆっくりとれないだろうと
いう日は、手でつまんでパクパ
ク食べられるのり巻き弁当にし
ます。

具たっぷりの台湾風おにぎり
(P.150)も大好き。ラップで巻
いてそのまま持っていき、食べ
るときはラップをめくってかぶ
りつきます(はしたなくってご
めんなさい! でもそうやって
食べるのが一番おいしいの)。
夫が台湾にいたとき、屋台で朝
ごはんによく食べました。現地
では「飯団」といって、屋台のお
母さんによって味が違うんです
よ。だから私も自己流で、いろ
んな具を入れてつくっています。
また、冬に電子レンジのない環
境で食べる日は、保温ポットに
入れた汁物をつけるようにしま
す。お弁当に温かいみそ汁や
スープがあるだけで、縮こまっ
ていたからだがほっとほぐれて
いく気がします。

上手な
つくりおき生活
のコツ

「ちょっと多め」が明日の
おかずに

つくりおきがあると1から調理しなくていいので、毎日のごはんづくりがとっても楽。お弁当はもちろん、夕飯や休日のお昼ごはんも手早くパパッとつくれます。

つくりおきのために心がけているのは、「ちょっと多め」。たとえば魚なら、うちは夫婦ふたり暮らしですが、買うのは3切れ。夕飯のときにまとめて調理して、残したひと切れを翌日以降のお弁当に使います。これなら、わざわざ「つくりおき」をつくるために台所に立たなくていいから、面倒がないでしょ。

ゆで野菜も、その日食べる分だけじゃなく、かならず多めにゆでて取りおきます。時間があれば、数種類ゆでておくことも。アクの少ない野菜からゆで、ほうれんそうなどアクの強い野菜は後に回します。そうすれば、ひとつの鍋でいろいろなゆで野菜のストックができます。

後は、お弁当をつめる朝、気分に合わせてたれをかけるだけ。青菜七変化(P.139)は、そうした私の日ごろのつくりおきメニューを形にしてみました。

ポリ袋は
つくりおきの味方

おかずの保存に便利なのがポリ袋。保存容器を使う方が多いと思いますが、たくさんつくるとその分容器が必要だし、冷蔵庫の中で場所をとります。

ポリ袋ならかさばらず、洗うわずらわしさもありません。それに、「漬ける」レシピはポリ袋のほうが好都合。少ない漬け汁でも袋が具材にフィットして、しっかり漬かります。

うちの冷蔵庫には、つねに4～5つのおかず袋が控えています。下にバットを置けば庫内の見た目もすっきり。液もれしても安心です。

冷凍とアレンジで
つくりおき上手

便利なつくりおきにも難点があります。それは「飽き」。「今日もこれか……」と思いながら食べるのは楽しくないですよね(まして家族から言われるのはおもしろくない!)。

たくさんつくったら、一部を冷凍するのが対策のひとつ。忘れたころに、冷蔵庫に移していただきます。

また、冷凍できないものはアレンジを加えてみましょう。豆板醤や酢を加えて味を変えたり、ほかの野菜や肉を巻いて焼く、煮るなどすると、見ためが変わって別の顔になります。

私がよくつくるのは卵とじ。卵の甘みが加わり、見栄えも変わります。牛肉のしぐれ煮(P.48)のようなこっくりした味つけの煮物や、豚肉の香草パン粉焼き(P.33)などの揚げ物にもよく合います。そのほかいろいろなアレンジをレシピページで紹介しています。ぜひ活用して、毎日のおいしいお弁当に役立ててくださいね。

うちのおかず袋ストックです。マニアックな話、ポリ袋は0.04mmの厚さがおすすめ。ほどよい厚みで、液もれもしにくいんです。

第3章

野菜
たっぷり！

さっぱりサブ

お弁当の味わいに変化をつける
さっぱり酸味のある野菜おかずです。
水分の多いおかずは
汁気をよくきってからお弁当につめましょう。

4〜5日

かぼちゃの和風サラダ

材料（3〜4食分）

かぼちゃ ……………… ⅛個（150g）
玉ねぎ …………………………… ⅛個
きゅうり ……………………… ½本
かに風味かまぼこ ………… 4本
Ⓐ ┌ 酢 …………………………… 大さじ2
　 │ しょうゆ …………… 小さじ2
　 │ こしょう ………………… 少々
　 └ ごま油 ………………… 大さじ1

1. かぼちゃは種とワタを取り、4cm長さの細切りにする。
2. 玉ねぎは薄切り、きゅうりは4cm長さのせん切りにする。かにかまはほぐす。
3. ①をさっとゆで、水気をよくきり、Ⓐと混ぜる。粗熱がとれたら②を加える。

（　アレンジ　）

かにかまは、かまぼこやハムの細切りに代えても。

memo◁▭

かぼちゃは皮むき器やスライサーで薄切りすると細切りにしやすい。硬いので手を切らないように注意して。かぼちゃはゆですぎないように、熱湯に入れて再沸騰したらすぐにザルにあげ、余熱で火を通す。

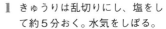

`1週間`

1 きゅうりは乱切りにし、塩をして約5分おく。水気をしぼる。

2 Ⓐを合わせ、①を混ぜ、15分以上おく。

memo ◀

きゅうりは意外に傷みやすいので、買ってきたらサラダ用を残し、浅漬けや甘酢をつくっておくと無駄なく食べられる。

[アレンジ]

しょうがの代わりにゆずこしょう、練りからし、一味唐辛子でも。

きゅうりのしょうが風味

料（2本分）

ゅうり ……………………… 2本	しょうが（すりおろし） …………………………小さじ½
………………………小さじ⅓	Ⓐ 刻み昆布 ………… ひとつまみ
	酢 …………………………小さじ½
	酒 ………………………… 大さじ½

`1週間`

1 きゅうりは3cm長さにし、4～6等分の放射状に切る。みょうがはせん切りにする。塩小さじ¼（分量外）をし、約5分おく。水気をしぼる。

2 Ⓐを合わせ、①を加えて20分以上漬ける。

[アレンジ]

みょうがの代わりにしょうがでも。

きゅうりの甘酢漬け

料（2本分）

ゅうり …………………… 2本
ょうが ……………………… 1個
酢 ………………………… 大さじ2
●砂糖 ……………………… 小さじ2
塩 ………………………… 小さじ¼

117

1週間

1 大根は5mm厚さのいちょう切り
にする。塩をして約10分おき、
水気をしぼる。

2 **A**を合わせ、①を20分以上漬け
る。

<memo

大根の上のほうを使うと、甘みがあっ
ておいしい。ゆず茶は韓国で親しまれ
ている、ゆずをはちみつや砂糖に漬け
たジャム状のもので、湯に溶いて飲む。
柑橘系のジャムで代用でき、一年中つ
くることができる。

大根の香り漬け

材料（6～8食分）

大根	5cm（200g）
塩	小さじ⅓

A ┌ ゆず茶、マーマレードなど ………………… 大さじ1
　　├ 酢 ………………… 大さじ1½
　　└ 塩 ………………… 少々

4～5日

1 大根、にんじん、きゅうりは4
cm長さ、1cm角の拍子木切りに
する。全体に塩をし、約15分お
いて水気をしぼる。

2 しょうがはせん切り、赤とうが
らしは半分に切り、種を取る。

3 **A**を合わせ、①、②、昆布を混
ぜて20分以上漬ける。

アレンジ

野菜はセロリ、うどなどでも。

いろどり野菜の甘酢漬け

材料（5～6食分）

大根	4cm	昆布	2c
にんじん	⅓本	**A** ┌ 砂糖	大さじ
きゅうり	1本	├ 酢	大さじ
塩	小さじ⅔	└ 塩	小さじ½
しょうが	1かけ		
赤とうがらし	1本		

1週間

大根のしそしょうゆ漬け

料（6〜8食分）

根············· 10cm
じそ············· 10枚
ょうゆ············· 大さじ1
味とうがらし············· 少々

1 大根は皮をむき、5mm厚さの輪
   切りにして20枚とる。塩小さじ
   ¼（分量外）をふり、約10分お
   く。水気をしぼる。しそは軸を
   取る。
2 大根2枚でしそをはさみ、同様
   に全部で10組つくる。
3 ポリ袋にしょうゆ、七味とうが
   らしとともにを入れてなじませ
   る。空気を抜いてしっかり口を
   しぼる。20分以上漬ける。

memo ◀

お弁当に入れるときは、いちょう切り
にするとつめやすい。

1週間

かぶのゆずこしょう漬け

料（5〜6食分）

ぶ············· 2個
量············· 小さじ⅓
ゆずこしょう、酒
● ············· 各小さじ1
昆布············· 3cm

1 かぶは実と葉を切り離し、実は
   皮ごと1cm幅のくし形に切る。
   葉は2cm長さに切る。塩をふり、
   約10分おいて水気をしぼる。
2 昆布は1cm幅にハサミで切る。
3 ポリ袋に①、❹を入れ、空気を
   抜いてしっかりしばる。20分
   以上漬ける。

memo ◀

ゆずこしょうは、ゆずの皮と青とうが
らし、塩を合わせた香りのある辛味調
味料。わさびの代わりに刺身や手巻き
ずしにつけたり、ぽん酢に混ぜて鍋料
理のつけだれにしても。

119

1週間

ごぼうの炒めなます

材料（3〜4食分）

ごぼう ……………………………… ½本
にんじん …………………………… ⅓本
こんにゃく ………………………… ¼枚
干ししいたけ ……………………… 2個
┌ 砂糖、しょうゆ、酢、だし
　　　………………………… 各大さじ1
Ⓐ 干ししいたけのもどし汁
　└ ………………………………… 大さじ1
ごま油 ……………………………… 大さじ1

1 ごぼうは皮をこそげて縦半分に切り、3cm長さの斜め薄切りにする。水にさらして水気をきる。にんじん、こんにゃくは3cm長さの短冊切りにする。こんにゃくは熱湯でさっとゆでてアクを抜く。

2 干ししいたけはひたひたの水でもどし、軸を取って薄切りにする。もどした汁はとっておく。

3 鍋にごま油を熱し、①、干ししいたけを強火で炒める。全体に油が回ったらⒶを加え、煮汁がなくなるまで中火で炒め煮する。

アレンジ

れんこんやしらたきなどを入れても。具の重量は全体で200g程度が目安。

4〜5日

ごぼうのシャキシャキサラダ

材料（3〜4食分）

ごぼう ……………………… 1本
赤ピーマン ……………… 1個
きゅうり ……………………… 1本

┌ 酢……………………… 大さじ2
Ⓐ しょうゆ、ごま油… 各大さじ1
└ こしょう………………………… 少々
　　黒ごま ………………………小さじ1

1 ごぼうは皮をこそげ、4〜5mm
　長さの斜め薄切りにしてからせ
　ん切りにする。水にさらして水
　気をきる。赤ピーマン、きゅう
　りもせん切りにする。

2 熱湯1ℓに酢小さじ1、塩小さ
　じ½（ともに分量外）を入れる。
　ごぼうを入れ1〜2分ゆでたら、
　赤ピーマン、きゅうりを加え、
　すぐにザルにあげる。粗熱がと
　れたら水気をしぼる。

3 Ⓐを合わせ、②とごまを混ぜる。

memo ◀

ごぼうのアク抜きはさっとでいい。
切っている間に水につけ、切り終わっ
たら残りをさっとさらして引きあげる
くらいが目安。

4〜5日

ごぼうのマヨネーズ炒め

材料（3〜4食分）

ごぼう …………………………½本
パプリカ（黄）………………¼個
パセリ …………………………½枝

┌ マヨネーズ………… 大さじ1
Ⓐ しょうゆ…………… 大さじ½
└ 七味とうがらし……… 少々
　　サラダ油………………… 大さじ½

1 ごぼうは皮をこそげ、縦半分に
　して4cm長さの斜め薄切りにす
　る。水にさらして水気をきる。
　パプリカは4cm長さの細切りに
　する。

2 パセリは葉を摘む。

3 フライパンに油を熱し、①を炒
　める。全体に火が通ったらⒶを
　順に加えて混ぜる。パセリをち
　らす。

121

4〜5日

1 キャベツ、にんじんはせん切り
に、玉ねぎは薄切りにする。塩
をして約10分おき、水気をしぼ
る。
2 Ⓐを合わせ、①、コーンを混ぜ
る。

コールスロー

材料（3〜4食分）

キャベツ………… 3枚（約200g）
にんじん…………… 3cm（30g）
玉ねぎ…………………… ⅛個
塩…………………… 小さじ⅓
コーン（ゆでたものまたは缶）
………………… 大さじ2

Ⓐ
酢……………… 大さじ1½
塩………………… 小さじ½
こしょう…………… 少々
サラダ油………… 大さじ2

1 キャベツは芯を取り、細切りに
する。きゅうり、しそも細切り
にする。
2 すべての材料をポリ袋に入れ、
空気を抜いてしばる。20分以
上漬ける。

memo ◁

塩麹は製品によって塩分が異なるので、
塩で調整する。塩麹がなければ、塩小
さじ½で浅漬けに。

1週間

キャベツの塩麹漬け

材料（3〜4食分）

キャベツ…………………… 3枚
きゅうり………………… ½本
青じそ…………………… 3枚
塩麹………………… 大さじ1
酒………………… 大さじ½
塩………………………… 少々

4〜5日

キャベツとかぶの梅サラダ

1 キャベツは2cm角のざく切り、かぶは5mm厚さのいちょう切りにする。塩をして約10分おき、水気をしぼる。
2 梅干しは種を取り、粗く刻む。Ⓐと合わせ、①を混ぜる。

料（3〜4食分）

ャベツ	2枚	┌酢	大さじ1
ぶ(実)	1個	Ⓐ塩	小さじ1/6
塩	小さじ1/4	└サラダ油	大さじ1 1/2
梅干し	1個		

1週間

セロリのからしあえ

1 セロリはスジを取り、4cm長さ、1cm幅の棒状に切る。
2 Ⓐは順に混ぜ合わせる。
3 熱湯に塩少々（分量外）を入れ、セロリをさっとゆでる。水気をよくきり、温かいうちに②であえる。

memo ◀

マヨネーズが分離しないよう、酢は最後に少しずつ加える。セロリはゆでると香りが和らいで食べやすい。

料（6〜8食分）

セロリ	2本
マヨネーズ	大さじ1/2
練りがらし	小さじ1
砂糖	大さじ1/2
酢	大さじ1

2〜3日

いんげんのごままぶし

材料（3〜4食分）

さやいんげん……………… 20本
┌黒すりごま…………大さじ1
Ⓐ砂糖………………小さじ1
└みりん、しょうゆ‥ 各大さじ½

1 いんげんはヘタを切り落とし、熱湯で1〜2分ゆでて3㎝長さに切る。

2 Ⓐを合わせ、①をあえる。

memo

いんげんはゆで時間で食感が変わる。シャッキリ、キュッキュッと食べたければ1〜2分、やわらかめがよければ2〜3分を目安に。モロッコいんげん、ブロッコリーでもOK。

アレンジ

黒すりごまの代わりに白すりごまや練りごま酢だれ、わさびじょうゆ、五平だれ（→P.182-183）でも。

124

3～4日

さつまいもと枝豆のサラダ

料（3～4食分）

さつまいも……… 小1本(250g)
塩 …………………………… 少々
酢 …………………………小さじ1
枝豆…………………………20さや

Ⓐ ┌ マヨネーズ………… 大さじ½
　├ ヨーグルト………… 大さじ2
　└ 塩、こしょう………… 各少々

1 さつまいもは皮をむき、1.5cm
角に切って水に入れ、水が濁ら
なくなるまで2～3回水をかえ
る。水気をきる。鍋に入れ、ひ
たひたの水を加え、3～4分、
やっと竹串が通る程度にゆでる。
湯だけを捨て、再び火にかけて
鍋を軽くゆすって水分を飛ばす。
塩、酢を加えて混ぜる。

2 枝豆は熱湯でゆで、さやから出す。

3 さつまいもの粗熱がとれたら、
枝豆、Ⓐを混ぜる。

memo

ゆでる代わりに、さつまいもの水気を
きり、耐熱ボウルに入れて軽くラップ
をかけ3分加熱。ひと混ぜしてさらに
2分加熱しても。残った水分はしっか
りきる。

2～3日

オクラちくわ

料（3～4食分）

オクラ ………………………… 6本
からし ………………………… 少々
しょうゆ…………………………小さじ1
ちくわ ………………………… 3本

1 オクラはガクを取り、塩少々
（分量外）をふってこすり、洗う。
熱湯でさっとゆでる。

2 オクラにからし、しょうゆをつ
ける。ちくわを半分に切り、オ
クラを差し込む。さらに半分に
切る。

アレンジ

からしの代わりに、わさびや梅でも
違った味わいに。オクラの代わりにゆ
でいんげん、きゅうりでも。

1 じゃがいもは皮をむいて細切り
にし、水につける。さっと洗い、
水気をきる。
2 鍋に🅐、①を入れて火にかけ、
煮汁がなくなるまでいり煮する。
3 ごまをふる。

4～5日

じゃがいもの甘酢煮

材料（3～4食分）
じゃがいも……… 大1個（200g）
┌砂糖………………………… 大さじ1
🅐酢、だし ……… 各大さじ1 ½
└塩………………………… 小さじ⅓
白ごま …………………… 小さじ1

1 じゃがいもは皮をむき、1.5㎝
のさいの目切りにする。水にさ
らして水気をきる。鍋に入れ、
ひたひたの水を加え、4～5分
やわらかくなるまでゆでる。湯
だけを捨て、再び火にかけて鍋
を軽くゆすって水分を飛ばす。
2 梅干しは種を取り、ペースト状
にする。🅐を加えて混ぜ、①の
じゃがいもをあえる。

3～4日

じゃがいもの梅おかかあえ

材料（3～4食分）
じゃがいも……… 大1個（200g）
梅干し …………………………… 1個
┌けずりがつお ……………… 2g
🅐しょうゆ……………… 小さじ1
└みりん………………… 小さじ½

2〜3日

1 里いもはよく洗い、電子レンジで4〜5分加熱する。熱いうちに皮をむき、フォークなどで粗くつぶす。
2 しょうがはすりおろす。
3 青のりにごま油を混ぜ、Ⓐを加えて、①と混ぜ合わせる。

memo◁▭
青のりがなければ、焼きのりを小さくちぎっても。

里いもの青のりあえ

料（3〜4食分）

いも ························· 200g
のり ····················· 小さじ2
ま油 ····················· 小さじ1
しょうが ·················· ½かけ
しょうゆ ··············· 小さじ½
塩 ······················ 小さじ⅙

1週間

1 長いもは皮をむき、ポリ袋に入れて軽くたたいてひと口大にする。レモンはいちょう切りにする。
2 レモン、塩、酒をポリ袋に加えて混ぜ、30分以上漬ける。

memo◁▭
ポリ袋を使うと、少ない調味料でもよく漬かる。レモンは国産のものを使用すると、皮ごとおいしく食べられる。

長いものレモン漬け

料（3〜4食分）

いも ························· 15cm
モン（輪切り） ············ 2枚
··························· 小さじ⅓
··························· 小さじ2

1週間

玉ねぎのカレーピクルス

材料（5〜6食分）

玉ねぎ …………………… 1個
パプリカ(赤) ………………¼個
┌ 酢 …………………… 大さじ3
│ 塩 ………………… 小さじ⅓
Ⓐ カレー粉、砂糖… 各小さじ¼
└ クミンシード(あれば)… 少々

1 玉ねぎは2cm幅のくし形に切り、長さを半分にする。パプリカも同じ大きさに切る。

2 Ⓐを合わせる。

3 湯を沸騰させ、塩少々(分量外)を入れ、玉ねぎを加えて透き通るまでゆでる。パプリカを加えてすぐにザルにあげる。水気をしっかりきり、温かいうちに②に加える。

4 ときどき混ぜ、30分以上漬ける。

memo

クミンはインド料理によく使われるスパイス。炒め物に混ぜるほか、米にクミン、塩、サラダ油を混ぜて炊き、クミンライスにしてカレーに添えても。

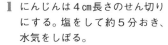

1 にんじんは4cm長さのせん切り
　にする。塩をして約5分おき、
　水気をしぼる。
2 りんごは皮をむき、4cm長さの
　細切りにする。レモン汁をかけ
　る。
3 Ⓐを合わせ、①、②を混ぜる。

memo ◀

スライサーの目の細かさで歯ごたえの
違うせん切りができる。かため好きは
太め、やわらか好きは細めのスライ
サーを使う。

4～5日

にんじんサラダ

料（3～4食分）

んじん	1本（200g）			酢	大さじ1
	小さじ¼		Ⓐ	塩	小さじ¼
んご	¼個			砂糖	小さじ1
モン汁	大さじ½			サラダ油	大さじ1½

1 にんじんは4cm長さのせん切り
　にし、塩をして約5分おく。し
　んなりしたら水気をしぼる。
2 フライパンにごま油を熱し、①
　を2～3分炒める。ねぎ、Ⓐを
　加えて混ぜ、火を止める。

memo ◀

少し太めのせん切りでもOK。

❄冷凍可　4～5日

にんじんのナムル

料（3～4食分）

んじん ………… 1本（200g）
……………………… 小さじ¼
ねぎ（みじん切り）…… 5cm分
すりごま ………… 大さじ1
塩、こしょう ………… 各少々
ま油 ………………… 大さじ½

129

1 ミニトマトは包丁で浅く切り込みを入れる。熱湯に２〜３秒浸し、冷水にとって皮をむく。

2 Ⓐを合わせ①を漬ける。

memo ◁

日が経ってやわらかくなったミニトマトはつぶれやすいので、新鮮なものを使う。

2〜3日

ミニトマトのさっぱり浸し

材料（5〜6食分）

ミニトマト……………… １パック
┌ だし ………………… 大さじ３
Ⓐ 酢……………………… 小さじ１
└ しょうゆ…………… 小さじ２

1 ピーマンは縦半分に切り、ヘタと種を取って細切りにする。

2 フライパンに油を熱し、①を強火で１〜２分炒める。しんなりしたら、じゃこ、Ⓐを加え、煮汁がなくなるまで炒め煮する。

1 週間

ピーマンのゆかり風味

材料（3〜4食分）

ピーマン…………………… ４個
ちりめんじゃこ……… 大さじ２
┌ しそふりかけ（ゆかり）
Ⓐ ………………………小さじ½
└ 砂糖、しょうゆ…… 各小さじ１
サラダ油……………………小さじ１

`2〜3日`

1 アスパラは根元を切り落とし、根元に近いかたい部分の皮を薄くむく。

2 グリルなどで①と油揚げを5〜6分焼く。アスパラは3cm長さ、油揚げは3cm長さの短冊切りにする。

3 しょうがはすりおろす。しょうゆ、酒と混ぜ、②をあえる。

memo

油揚げは焦げやすいので、様子を見ながら焼く。

焼きアスパラしょうがあえ

料（3〜4食分）

グリーンアスパラガス …… 1束
油揚げ ………………………… ½枚
しょうが ……………………… 1かけ
しょうゆ、酒 ……… 各大さじ½

`4〜5日`

1 ブロッコリーは小房に分ける。茎は皮を厚めにむき、ひと口大に切る。熱湯でさっとゆでる。しょうがはせん切りにする。赤とうがらしは種を取る。

2 すべての材料を混ぜ、30分以上おく。

memo

ポリ袋などにつくり、空気を抜いてしっかり口を閉めると味が染み込みやすく、保存もスペースをとらない。

ブロッコリーの浅漬け風

料（5〜6食分）

ブロッコリー …………………½株
しょうが ……………………… 1かけ
塩こんぶ …………… 小さじ2
酒 ……………………………大さじ1
赤とうがらし ………………½本

1 週間

茎わかめのしょうがあえ

材料（5〜6食分）

茎わかめ（塩蔵）……………100g
きゅうり…………………………½本
塩………………………………… 少々
Ⓐ ┌ しょうが（すりおろし）
　　…………………… 1 かけ分
　 │ しょうゆ……………小さじ 1
　 │ みりん………………大さじ½
　 └ 酒……………………大さじ 1

1　茎わかめは洗い、約20分水につけ、ほんのり塩気が残る程度まで塩抜きする。5㎜幅、3㎝長さに切る。

2　きゅうりは3㎝長さ、5㎜角の棒状に切る。塩をし、水気をしぼる。

3　Ⓐを合わせ、①、②を混ぜる。

memo

塩の抜き加減で味が変わるので、しょうゆで調節して。茎わかめはわかめの芯にあたる部分。コリコリした食感が特徴。食物繊維やミネラル分が多く、ローカロリーな食材。

アレンジ

茎わかめの代わりに、普通の塩蔵わかめ（50g）でも。

1週間

1 なすはヘタを取り、縞目に皮を
　むく。4〜5mm厚さの半月切り
　にする。水にさらして水気をき
　り、塩をふる。約10分おき、水
　気をしぼる。ねぎは長さを半分
　にし、せん切りにする。
2 Ⓐを合わせ、①をあえる。

なすのからしあえ

料（3〜4食分）

す	2個
塩	小さじ⅓
ねぎ	6cm
練りからし	小さじ⅓
しょうゆ	小さじ1½
酢	小さじ½

1週間

1 白菜は軸と葉に分け、軸は4〜
　5cm長さの細切り、葉はざく切
　りにする。しょうがは皮をこそ
　げ、ねぎとともにせん切りにす
　る。
2 ①に塩をし、約15分おいて水気
　をしぼる。
3 Ⓐを合わせ、②を混ぜて30分以
　上おく。

memo <

花椒は麻婆豆腐にも使う中国山椒の実
（乾燥）。香りがよく、しびれるような辛
みが料理のアクセントになる。

アレンジ

白菜の代わりにキャベツでも。

白菜の中国風甘酢漬け

料（5〜6食分）

白菜	⅛個（250g）	花椒（あれば）	少々
しょうが	1かけ	砂糖	大さじ2
長ねぎ	5cm	酢	大さじ3
塩	小さじ⅔	塩	小さじ¼
糸とうがらし（なければ		ごま油	小さじ1
赤とうがらし）	少々		

133

1週間

1 れんこんは皮をむき、薄い輪切
りか半月切りにする。水にさら
して水気をきる。玉ねぎは薄切
りにする。ハムは放射状に12等
分する。

2 れんこんを熱湯で1〜2分ゆで
る。温かいうちに🅐に漬ける。
粗熱がとれたら、玉ねぎ、ハム
を加えて混ぜる。

memo ◁
れんこんは切り口が空気に触れると黒
ずむので、水にさらして変色を防ぐ。

れんこんとハムのサラダ

材料（3〜4食分）

れんこん	小1節		酢	大さじ
玉ねぎ	⅙個	🅐	塩	小さじ1
ハム	2枚		粒マスタード	小さじ
			オリーブ油	大さじ

2〜3日

1 もやしはできればひげ根を取る。
きゅうり、ねぎはせん切りにす
る。ハムは長さを半分にし、せ
ん切りにする。

2 もやしは塩少々（分量外）を入れ
た熱湯で3〜4分ゆでる。火か
ら下ろす直前にきゅうりを入れ、
一緒にザルにあげる。水気をき
る。

3 🅐を合わせ、②、ねぎ、ハムを
加えて混ぜる。

memo ◁
子大豆もやしとは、小粒大豆でつくら
れたもやし。なければ大豆もやし、緑豆
もやしでもいい。またひげ根を取ると
独特のくさみを抑えられ、ぐんとおい
しくなる。

もやしサラダ

材料（3〜4食分）

子大豆もやし	1袋		酢	大さじ2
きゅうり	½本	🅐	しょうゆ、ごま油	各大さじ1
長ねぎ	5㎝		こしょう	少々
ハム	2枚			

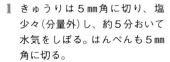

2〜3日

コーンときゅうりのサラダ

料（6個分）

コーン（ゆでたものまたは缶）	┌マヨネーズ………… 大さじ½
…………………………30g	**A**└こしょう………………… 少々
きゅうり…………………¼本	
はんぺん…………………¼枚	
玉トマト…………… 6個	

1 きゅうりは5mm角に切り、塩少々（分量外）し、約5分おいて水気をしぼる。はんぺんも5mm角に切る。

2 トマトは中をくりぬき、水気をきる。

3 コーン、きゅうり、はんぺんを**A**であえ、トマトにつめる。

（アレンジ）
はんぺんの代わりにハム、チーズなどでも。

1週間

切り干し大根のハリハリ

料（5〜6食分）

切り干し大根……………30g	┌砂糖……………… 大さじ½
みょうが………………… 1個	**A**│しょうゆ………… 大さじ1
しょうが………………… 1かけ	└酢……………… 大さじ1½
ちりめんじゃこ……… 大さじ2	
刻み昆布………… ひとつまみ	

1 切り干し大根は洗い、たっぷりの水に約10分つけてザルにあげ、熱湯をかける。粗熱がとれたら水気をしぼる。

2 みょうが、しょうがはせん切りにする。

3 **A**を合わせ、①、②、じゃこ、昆布を加えて混ぜ、20分以上おく。

135

1 ひじきはたっぷりの水に約10
分つけてもどし、熱湯で1～2
分ゆでて水にさらし、水気を
しっかりきる。

2 きゅうり、しょうがは2cm長さ
のせん切りにする。塩をし、水
気をしぼる。

3 かにかまは長さを半分にし、ほ
ぐす。

4 Ⓐは合わせ、①、②、③を混ぜる。

> [!NOTE] アレンジ
> かにかまの代わりに、かまぼこやちく
> わでも。

1週間

ひじきのさっぱりあえ

材料（5～6食分）

芽ひじき（乾燥）……………20g
きゅうり………………………1/2本
しょうが…………………… 1かけ
塩……………………………… 少々
かにかま…………………… 3本

Ⓐ
┌ 砂糖………………… 大さじ1
│ 酢………………… 大さじ2
└ しょうゆ………… 大さじ

---

1 たけのこは穂先を5mm厚さのく
し形に、根元を1cm幅、4cm長
さの短冊切りにする。エリンギ
も同様の短冊切りにする。赤と
うがらしは種を取って小口切り
にする。

2 鍋に①、Ⓐを入れ、煮汁がなく
なるまで強火で3～4分炒り煮
する。

4～5日

たけのこときのこの甘酢煮

材料（3～4食分）

たけのこ（水煮）………………1/2本
エリンギ…………………… 1本

Ⓐ
┌ 砂糖、しょうゆ… 各大さじ1/2
│ 酢、だし ………… 各大さじ1
└ 赤とうがらし………………1/4本

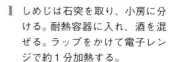

2〜3日

しめじとわかめのしょうがあえ

材料（3〜4食分）

しめじ …… 大1パック（150g）
酒 ………………………… 大さじ½
わかめ（塩蔵）………………… 20g
しょうが ………………… 1かけ
しょうゆ ………………… 小さじ2

1. しめじは石突を取り、小房に分ける。耐熱容器に入れ、酒を混ぜる。ラップをかけて電子レンジで約1分加熱する。
2. わかめはさっと洗い、ひたひたの水に約10分つけて塩抜きし、3cm長さに切る。しょうがはみじん切りにする。
3. すべての材料を混ぜる。

アレンジ

しめじの代わりに、えのきだけ、まいたけ、しいたけなどでもおいしい。

4〜5日

焼ききのこの染みポン酢

材料（3〜4食分）

まいたけ ………………… 1パック
エリンギ ………………… 1パック
長ねぎ ……………………… ½本
カラーピーマン ……………… 1個

Ⓐ ┌ レモン汁、みりん‥各大さじ1
　 └ しょうゆ ………… 大さじ1½
サラダ油 ………………… 大さじ1

1. まいたけは根元を切り、小房に分ける。エリンギは縦半分、2cm長さに切る。ねぎは2cm長さに切る。ピーマンは2cm幅、長さを半分に切る。
2. フライパンに油を熱し、①を焼く。温かいうちに、合わせたⒶに漬ける。

memo◀

Ⓐの代わりに市販のポン酢しょうゆを使えば、より手軽にできる。ピーマンは赤、黄、オレンジ、なんでもOK。

1週間

1 セロリはスジを取り、8mm角程度に切る。ゆで大豆、セロリを耐熱容器に入れてラップをかけ、電子レンジで1〜2分加熱する。温かいうちに🅐を加えて混ぜる。

2 ツナを混ぜる。

（ アレンジ ）

ツナはハムでもOK。

大豆とセロリのサラダ

材料（5〜6食分）

ゆで大豆……… 中1缶（約120g）	
セロリ …………………………1/4本	
ツナ缶 …………… 小1/4缶（20g）	

🅐
酢………………… 大さじ1 1/2
塩……………………… 小さじ1/2
しょうゆ…………… 小さじ1
オリーブ油………… 大さじ1

1週間

1 パプリカ、きゅうりは1cm角に、玉ねぎはみじん切りにする。

2 豆、パプリカを耐熱容器に入れてラップをかけ、電子レンジで1〜2分加熱する。🅐を加えて混ぜる。

3 粗熱がとれたらきゅうり、玉ねぎを加えて混ぜる。

豆のカラフルサラダ

材料（5〜6食分）

ミックスビーンズ	
…………… 1缶（約120g）	
パプリカ（黄） …………………1/4個	
きゅうり ………………………1/2本	
玉ねぎ …………………………1/8個	

🅐
酢………………… 大さじ1 1/2
塩……………………… 小さじ1/2
こしょう……………… 少々
しょうゆ…………… 大さじ1/2
オリーブ油……… 大さじ1 1/2

青菜七変化

ゆでた青菜はたれを変えるだけで、いろんな味が楽しめます。

青菜をゆでて……

＊青菜はほうれんそう、
小松菜、チンゲンサイ、
水菜など、なんでもOK！

① じんわりお浸し
ゆでた青菜1/2袋分に対し、
だし1/4カップ、しょうゆ大
さじ1/2を混ぜた汁に浸す。

② 韓流ナムル
ゆでた青菜1/2袋分に対し、
ごま油小さじ1、塩小さじ
1/4、こしょう少々を混ぜる。

③ さっぱりポン酢
市販のポン酢、またはP.182
の手づくりポン酢をゆでた青
菜に適量かける。

**④ 風味豊かな
ゆずこしょうポン酢**
P.182のゆずこしょうポン酢を
ゆでた青菜に適量かける。

**⑤ まったり
ごまだれ**
P.182のごまだれを
ゆでた青菜に適量か
ける。

⑥ すっぱ梅肉
P.182の梅肉だれを
ゆでた青菜に適量か
ける。

**⑦ やみつき
ねりごま酢だれ**
P.182のねりごま酢だれを
ゆでた青菜に適量かける。

青菜のゆで方

鍋にたっぷりの湯をわかす。

青菜は洗い、水気をきる。根を
切り、株の大きいものは根元に
切り込みを入れる。

熱湯に根元から入れ、葉を持っ
たまま約10秒ゆでた後、葉も沈
める。

色が変わったら裏返し、軸をつ
まんでかたさを確認する。

軸に火が通ったら取り出し、流
水で冷たくなるまで冷やす。

水の中で根元を集めてそろえ、
水気をしっかりしぼる。

保存するときは容器の下にペー
パータオルを敷いておくと、野菜が
水っぽくならない。

memo

＊軸と葉は時間差をつけると葉が
やわらかくなりすぎない。

＊1袋を2回に分けてゆでると、湯
の温度が下がらず色よくゆであ
がる。2回目も同じ湯でOK。

＊アクの少ない野菜からゆでると、
同じ湯で何種類もゆでられる。
キャベツ➡ブロッコリー➡小松
菜➡ほうれんそうなど。

＊ブロッコリーのような水を含む
と味がぼやける野菜は、湯に塩
をひとつまみ加えてゆでる。

お弁当でこそ、野菜を食べたい！

野菜を取り入れるために

「外食では野菜が足りない」
「せっかくお弁当をつくっても、冷凍食品の揚げ物ばかり。野菜をもっと増やしたいのに……」。こんな悩みを抱えていませんか？野菜料理は朝に取りかかろうとすると難しいものです。洗ってゆでて、調味して——時間も手間もかかるから、気持ちにも負担。

だったら、野菜は買ってきたその日に洗っておけばいいんです。すぐに冷蔵庫に入れず、朝にやるより楽だと思って、ほんのちょっとがんばってみてください。それだけでぐっと、野菜料理のハードルが低くなります。

また、ほうれんそうや小松菜、ブロッコリー、スナップエンドウなどの青菜は、さっとゆでて冷蔵庫に常備しておくと便利。たれやドレッシングをかけるだけで、お弁当のおかずになってくれます。

いちど湯を沸かしたら、アクの少ないものから順に数種類ゆで、時間も手間も節約しましょう！（→P.139）たれの手づくりレシピも、ぜひ参考にしてみてください（→P.182）。

**お昼で
野菜100〜150gが目安**

1日に必要な野菜は350gといわれています。それなら、お昼で100〜150gくらい取れると安心ですね。プチトマトひとつで15g、ほうれんそうひと株で50g、きゅうり1/4本で25g。あとはお漬け物でもあれば、100gに届きます。野菜不足で困っている人は、まずゆでて青菜を入れてみて。これだけで、30〜50gは摂取できます。

私の場合、つめるときの目安として「たんぱく質1：野菜2」の見た目にしています。これなら、外食と比べて野菜たっぷりで、カロリーもぐっと低めになりますよ。

**「うまみ食材」で
満足度アップ**

本書では、野菜がたっぷり取れる生サラダやスープも「お弁当」として紹介しています。いくら野菜たっぷりとはいえ、野菜だけでつくってしまってはサラダもスープも味気ない。だから、サラダにはハムを加えたり、スープには卵を落としたりして、うまみになってくれるものをプラスします。それだけで、なんだか豪華になったような気がしてうれしい。

野菜をたくさん食べるには、こうした「うまみ食材」を上手に使うのがポイントです。ハムや卵のほかにも、ちくわやツナ、かにかまなどを組み合わせることによって、手間をかけずに味わいに深みを出せます。

さらに、「うまみ食材」は大体がたんぱく質。だから、栄養的なバランスも自然に整えることができちゃうんです。

**ちょっとの
ひと手間が愛情**

毎日つくり続けるために、「簡単」は大切。でも、「食べる人」のことを忘れないように心がけています。もし大きめのミニトマトなら、半分に切ってあげる。これだけでぐっと食べやすくなります。生のきゅうりには、ぱっとおかかをまぶす。これで「生野菜」から「おかず」になります。

こうして少し手をかけることで気持ちが伝わり、食べるほうにもありがたみが出てきます。お弁当は、心を伝えるやりとりでもありますよね。

野菜たっぷりのお弁当は「今日も元気よくいこう！」という家族へ、そして自分へのエールです。蓋を開ける瞬間のワクワク感を思いつつ、毎日のお弁当を笑顔でつくってみてください

第4章

1品弁当・ごはんもの・汁もの

つくりおきおかずがない日も
これさえつくればOKという
パン、めん、どんぶり、混ぜごはん、巻きもの、
炊きこみご飯と汁ものも紹介します。

1品弁当の
楽しみ方

① おかず切れ、マンネリ脱却の味方に

忙しい毎日、つくりおきのおかずをきらしてしまうこと
もあるでしょう。また、ふだんのお弁当にマンネリを感
じることもあるかもしれません。そんなときは、1品つ
くれば完成する「1品弁当」の出番です。
どんぶり、めん類、サンドイッチ——。手早くつくれる
1品ものは、その豪快な見た目で気分を上げてくれます。

② バランスを保つ「＋α」

1品弁当は、おかずによっては栄養バランスが偏ること
も。そこで、生野菜のサラダやフルーツ、スープなど、
さっと用意できるものをつけるといいでしょう。
スープのレシピは、P.160以降で紹介しています。「即
席スープ」は、材料を用意して湯を注ぐだけでつくれる、
手間いらずのスープです。

③ ときには市販品に頼ってもOK！

「＋α」になるものがなければ、市販品を使うのもアリ！
出勤前や昼休みに、コンビニでサラダやカットフルーツ
を買い足すのも手です。
「100％手づくり弁当」とはいきませんが、大切なのはお
弁当生活を「続ける」こと。挫折しないためには、たまの
手抜きと割り切るほうが、うまくいく気がしませんか。

1品弁当

どんぶり、めん類、
サンドイッチ、
おにぎり etc.

「+α」で
バランスよく！

野菜ジュース

カップスープ

カットフルーツ

Before

After

「+α」に
便利な湯を
注ぐだけの
スープレシピは
P.162。

野菜ジュースで
ビタミン補給！

卵とハムのトーストサンド

材料（1食分）

卵	1個
A ┌砂糖	小さじ1
A └塩	少々
ケチャップ	小さじ2
練りからし	適量
サラダ菜	3〜4枚
ハム	2枚
食パン（8枚切り）	2枚
バターまたはマーガリン	適量

memo

好みの大きさに切り、お弁当箱につめるか、アルミホイルなどで包む。ミニトマト、パセリなどを添えると見栄えも栄養バランスもいい。

1 卵は溶きほぐし、Ⓐを加える。卵焼き器に油（分量外）を薄くひき、卵液をすべて入れて広げる。薄焼き卵の要領で両面焼く。

2 パンはトーストし、バターかマーガリンをぬる。

3 サラダ菜は水気をよく拭く。パン1枚に卵をのせ、ケチャップとからしを混ぜてぬる。サラダ菜、ハム、残りのパンをのせておさえる。

パン 2

アボカドシーフードサンド

材料（1食分）

アボカド……………………½個
Ⓐ┌マヨネーズ………… 小さじ2
　└塩、こしょう…………各少々
シーフードミックス（冷凍）
………………………… 50g
Ⓑ┌塩…………………… 少々
　└白ワイン ………… 大さじ½
トマト ……………………¼個
シルクレタス、レタスなど
………………… 1〜2枚
フランスパン ……………… 20cm

memo

ワックスペーパーなどで持っていくとお弁当箱を洗う手間もない。

1 アボカドは皮を取り、フォークなどでつぶす。Ⓐを混ぜる。
2 シーフードミックスは解凍する。Ⓑを加え、ラップをかけて電子レンジで約1分加熱する。粗熱がとれたら水気をきり、①に混ぜる。
3 トマトは1cm厚さの半月切りにし、種を取る。レタスは1枚を2〜3切れにちぎる。
4 パンは厚みを半分にし、レタス、②、トマトの順にのせる。

カップスープで心もからだもほっこりと。

145

いとしのオムそば

材料（1食分）

焼きそば（蒸しめん）……… 1袋
豚こま肉……………………50g
玉ねぎ ……………………⅛個
にんじん…………………… 3 ㎝
キャベツ…………………… 1枚
サラダ油………………大さじ1
Ⓐ┌ ケチャップ、中濃ソース
　└ ………………… 各大さじ1
卵……………………………… 1個
Ⓑ塩、砂糖……………… 各少々

memo

蒸しめんなので、ゆでる手間がない。めんは電子レンジで温めると、ほぐれやすい。

1 焼きそばは電子レンジで1〜2分温め、ざく切りする。

2 豚肉は2㎝幅、玉ねぎは薄切り、にんじんは縦半分に切って斜め薄切り、キャベツは細切りにする。

3 卵は溶きほぐし、**Ⓑ**を加えて混ぜる。フライパンに油（分量外）を薄くひき、薄焼き卵を1枚焼いて取り出す。

4 油を熱し、肉、野菜の順に炒める。全体に油が回ったら①を加えて炒め、**Ⓐ**を加えて全体に調味する。

5 薄焼き卵の上に④をのせて包み、切り目を入れる。

めん 2

焼きうどん

材料（1食分）

ゆでうどん	1玉
豚バラ肉	50g
玉ねぎ	1/8個
ピーマン	1個
にんじん	3cm
しょうが	1/2かけ
塩、こしょう	各少々
Ⓐ しょうゆ	小さじ2
Ⓐ みりん	小さじ1
けずりがつお	少々
サラダ油	大さじ1

1 うどんは電子レンジで1〜2分温め、ざく切りする。

2 豚肉は2cm幅に切る。玉ねぎは薄切り、ピーマン、にんじん、しょうがはせん切りにする。

3 フライパンに油を熱し、肉、野菜の順に炒める。塩、こしょうする。①を加えて炒め、Ⓐで調味する。けずりがつおをかける。

memo ◄

お弁当の場合、めんが長いと食べにくいので、ざく切りにする。

一品でも
バランス Good!

デザートに
カットフルーツを
つけてさっぱりと。

あな玉丼

材料（1食分）

煮あなご	1尾分
長ねぎ	8cm
ごぼう	5cm
みつば	2〜3枝
卵	1個
Ⓐ ┌ だし	¼カップ
砂糖	小さじ1
しょうゆ	大さじ½
└ 酒	大さじ1
ごはん	1膳分
粉山椒	適宜

1 あなごは2cm幅に切る。ねぎは
斜め薄切り、ごぼうは皮をこそ
げ、ささがきにして水にさらし、
水気をきる。みつばは3cm長さ
に切る。

2 小鍋にⒶ、ごぼうを入れて蓋を
し、1〜2分煮る。ねぎ、あな
ごを入れてさらに2分ほど煮る。
煮汁が少なくなってきたらみつ
ばを入れる。

3 ボウルに卵を溶きほぐし、鍋の
中心から円を描くように流し入
れる。蓋をし、30秒ほどしたら
火を止め、そのまま2〜3分蒸
らす。

4 ごはんにのせ、好みで山椒をふ
る。

どんぶり **2**

がっつり！ 豚くわやき丼

材料（1食分）

豚もも肉（焼肉用）…………80g
Ⓐ 塩、酒………………………各少々
片栗粉…………………………大さじ½
サラダ油………………………大さじ½
┌ 砂糖………………………小さじ1
Ⓑ しょうゆ、みりん、酒
└ ……………………各小さじ2
ごはん ………………………… 1膳分
焼きのり………………………全型¼枚
万能ねぎ……………………… 1〜2本

1 豚肉は**Ⓐ**をふり、片栗粉をつける。

2 フライパンに油を熱し、①を両面こんがりと焼く。**Ⓑ**を加えてからめる。

3 ごはんにのりをちぎってのせ、②をのせる。

4 万能ねぎを2㎝長さの斜め切りにして散らす。

memo

焼き肉用を使うので切る手間いらず。バラ、カルビなど好みの部位で。

梅めかぶ汁（P.162）や、**青菜わかめ汁**（P.162）などと一緒に。

混ぜごはん

しゃけ青菜にぎり &
しらすゆかりにぎり

材料（しゃけ青菜1個分）

鮭フレーク ……………… 大さじ1
青菜（ゆでて1cm長さに切り、
水気をしぼったもの）
…………………… 2〜3本分
ごはん ……………………… 1膳分

材料（しらすゆかり1個分）

しらす干し ……………… 大さじ1
しそふりかけ（ゆかり）、白ごま
…………………… 各小さじ1/3
塩 ………………………… 小さじ1/4
ごはん ……………………… 1膳分

1 それぞれ、すべての材料を混ぜ
て握る。好みでのりを巻く。

巻きもの

台湾風具だくさんおにぎり

材料（1食分）

油揚げ（1cm幅）………… 1/4枚分
塩 ……………………………… 少々
卵 ……………………………… 1個
Ⓐ┌塩、こしょう ………… 各少々
  └万能ねぎ（小口切り）… 1本分
サラダ油 ………………… 小さじ1
ツナ缶 …………… 小1/4缶（20g）

Ⓑ┌砂糖、しょうゆ、みりん
  └…………………… 各大さじ1/2
干したくあん ……………… 30g
雑穀ごはん ………………… 150g

1 油揚げはフライパンで焦げ目が
　つくまで焼き、塩をふる。

2 卵は溶きほぐし、Ⓐを加える。
　フライパンに油を熱し、卵焼き
　の要領で棒状に焼く。

3 ツナはⒷを加え、煮汁がなくな
　るまでいり煮する。たくあんは
　1cm幅の短冊切りにする。

4 ラップを広げ、ごはんを12×
　20cm程度に広げる。中央に具を
　並べて巻く。ラップの両端をし
　ぼり、まとまるようにぎゅっと
　握る。

Cut

巻きもの ❷

韓国風のり巻き（キンパ）

材料（1本分）

牛こま肉……………………50g
❶ ┌ 砂糖、ごま油…… 各小さじ1
　 │ しょうゆ…………… 小さじ2
　 └ 長ねぎ（みじん切り）… 3cm分
にんじん（せん切り）…… ⅕本分
ごま油……………………小さじ1
❷ 塩、こしょう…………各少々
きゅうり…………………… ¼本
たくあん…………………30g
ごはん……………………200g
焼きのり…………… 全型1枚
ごま油……………………小さじ1
塩…………………………小さじ¼
白ごま……………………小さじ1

1 牛肉に❶をもみ込み、煮汁がなくなるまで炒め煮する。

2 にんじんはごま油で炒めて❷をふる。きゅうり、たくあんは1cm角の棒状に切る。

3 巻きすだれ（クッキングシートでも可）にのりを置く。ごま油をぬり、塩をふる。

4 向こう側2～3cmを残し、ごはんを広げる。中心に具を並べ、巻く。

5 1～1.5cm幅に切り、ごまをふる。

（ アレンジ ）

具は牛肉のしぐれ煮（P.48）や魚肉ソーセージ、ゆでたほうれんそうなどでもOK。

(❄冷凍可) (2〜3日)

五目ごはん

材料（3〜4食分）

米·················· ２カップ（米用）
だし····························· 360㎖
鶏もも肉··························· 80g
にんじん···························· 3㎝
ごぼう···························· 10㎝
油揚げ··························· ½枚
しいたけ·························· 2枚
Ⓐ ┌しょうゆ··············· 大さじ2
　└みりん、酒·········· 各大さじ1

1 米はとぎ、ザルにあげて水気を
きる。だしに30分以上つける。

2 鶏肉は１㎝角に切り、にんじん
はいちょう切り、ごぼうは皮を
こそげてささがきにする。水に
さらして水気をきる。油揚げは
熱湯をかけ、２㎝長さの細切り
にする。しいたけは石づきを取
り、半分に切って薄切りにする。

3 炊飯器の内釜に①、②、Ⓐを入
れて混ぜ、米が水面から飛び出
さないようにならしてスイッチ
を入れる。

memo ◀▭

たくあんなど漬け物を添えると、味わ
いと食感にリズムがつく。

炊きこみごはん

炊飯器 de えびピラフ

材料（3〜4食分）

米	2カップ（米用）
水	360㎖
むきえび	150g
玉ねぎ	¼個
しめじ	1パック
┌ スープの素	大さじ½
│ こしょう	少々
Ⓐ バター	15g
│ 塩	小さじ½
└ 白ワイン	大さじ2

1 米はとぎ、ザルにあげて水気を
きる。分量の水に30分以上つけ
る。

2 むきえびは背ワタを取り、大き
いものは2〜3つに切る。玉ね
ぎはみじん切り、しめじは根元
を切り、1本ずつにする。

3 炊飯器の内釜に①、②、Ⓐを入
れて混ぜ、米が水面から飛び出
さないようにならしてスイッチ
を入れる。

memo
パセリをふったり、ブロッコリーを
添えるといろどりがいい。

2〜3日

冷凍可

青菜わかめ汁
（P.162）があれば
味わい豊かな
ランチタイムに。

153

野菜を
しっかりとれる
ごはんもの

野菜不足が気になったり、カロリーコントロールを
している人のための、野菜多めの「野菜たっぷりご
はんもの」のレシピを紹介します。

野菜たっぷりごはん

✚

フリーズドライのみそ汁

ゆで青菜

漬け物

野菜たっぷりのごはんものにプラスして

汁ものや味と食感の違う野菜のおかずをプラスすると

ヘルシーで食べあきず、満腹感もアップします。

混ぜごはん ❷

青菜チャーハン風

（2〜3日）

材料（2食分）

ごはん ………………………… 2膳分
青菜（小松菜など） ………… 50g
スープの素 ……………… 小さじ⅙
卵 ………………………………… 1個
🅐塩、こしょう、ごま油‥各少々
ハム（8mm角） …………… 1枚分
いりごま、ごま油 … 各小さじ1

1 青菜は熱湯でさっとゆで、1cm幅に切り、スープの素をふり混ぜる。
2 卵はほぐし🅐を混ぜる。電子レンジで約40秒加熱して混ぜ、さらに約20秒加熱して混ぜる。
3 炊きたてのごはんに①、②、ハム、ごま、ごま油を混ぜ、握る。

memo ◀▭
具は冷凍可。炒り卵とゆで青菜は、つくりおきすると便利。

昆ぜごはん ❸

野菜トマトライス

（3〜4日）

材料（2食分）

ごはん ……………………… 2膳分
玉ねぎ（みじん切り） ……… ¼個分
にんじん（みじん切り） …… 3cm分
ピーマン（みじん切り） …… 1個分
マッシュルーム（5mm厚さ）
 ………………………… ½パック分
鶏もも肉（1cm角） ………… 80g分
🅐ケチャップ …………… 大さじ4
 しょうゆ …………… 小さじ1
 塩、こしょう ………… 各少々
オリーブ油 …………… 大さじ1

フライパンにオリーブ油を熱し、野菜と肉を炒める。肉に火が通ったら、🅐を加え、2〜3分炒める。火を止め、バター10g（分量外）を加えて混ぜる。
炊きたてのごはんを混ぜ、握る。もちろん握らず、お弁当箱につめても。

memo ◀▭
具は冷凍可。

炊きこみごはん ③

にんじんとひじきの鶏ごはん ※冷凍可 2〜3日

材料（4食分）

米························ 米用カップ2
だし························ 360mℓ
にんじん····················· 1/2本
しょうが······················· 1かけ
ひじき（乾燥）···················· 8g
鶏もも肉······················100g
Ⓐ みりん···················· 大さじ2
しょうゆ···················· 大さじ2

1　米はとぎ、だしに30分以上つ
　 ける。
2　にんじん、しょうがは2cm長
　 さのせん切り、ひじきはたっ
　 ぷりの水でもどして、水気を
　 きる。
3　鶏肉は1cm角に切る。
4　炊飯器の内釜に①、②、③、
　 Ⓐを入れて混ぜ、米が水面か
　 ら飛び出さないようにならし
　 てスイッチを入れる。

memo

できあがったごはんはそのまま冷凍
可。おにぎりにしておいても。

ゆでブロッコリーと
ミニトマトをつけて
ビタミン補給。

濃厚ピラフには、フレッシュなグリーンサラダ（P.184）を。

炊きこみごはん **4**

ゴロリン野菜のソースピラフ 〔2～3日〕

材料（4食分）

米	米用カップ2
水	360㎖
玉ねぎ（乱切り）	1/4個分
パプリカ（黄・赤／乱切り）	各1/4個分
ズッキーニ（乱切り）	1/2本分
エリンギ	1本
豚肩ロース肉（とんかつ用）	1枚（120g）
バター	15g
中濃ソース	大さじ3
スープの素	小さじ1

1 米はとぎ、分量の水に30分以上つける。

2 エリンギは縦半分または1/4にし、1.5cm厚さに切る。

3 豚肉は2cm角に切り、中濃ソース小さじ1（分量外）を混ぜる。

4 炊飯器の内釜にすべての材料を入れ、米が水面から飛び出さないようにならしてスイッチを入れる。

5 炊き上がったらズッキーニを取り出し、全体をざっくり混ぜる。弁当箱に盛り、ズッキーニをのせる。

memo

ズッキーニ以外は冷凍可。ズッキーニはやわらかいので、除いて混ぜる。

157

どんぶり ③

野菜天丼 （2～3日）

材料（2食分）

かぼちゃ……………………60g
れんこん…………………… 2cm
まいたけ……………………¼パック
ししとうがらし…………… 4本
えび…………………………… 2尾
天ぷら粉……………………¼カップ
水……………………………¼カップ
揚げ油……………………… 適量
Ⓐ ┌だし ………………… 大さじ3
　└しょうゆ、みりん‥ 各大さじ1
ごはん……………………… 2膳分

1 かぼちゃは種を取り、4cm長さ、1cm厚さのくし形に切る。れんこんは1cm厚さの半月切りにする。まいたけは2つに分ける。ししとうはヘタを切りそろえ、包丁の先で穴をあける。

2 えびは背ワタと殻を取り、尾の先を切って水気をしごき出す。腹側に2、3本切り目を入れてのばす。

3 天ぷら粉と分量の水を混ぜる。

4 揚げ油を170℃に熱し、野菜に衣をつけて揚げる。180℃にし、えびに衣をつけて揚げる。

5 Ⓐを鍋に入れ、約1分煮て、つゆをつくる。

6 ごはんに④をのせ、⑤をかける。

memo ◀
つゆは別容器で持っていくとベチャッとならない。具は2～3日冷蔵保存可。再加熱してごはんにのせる。

> キャベツの
> 塩麹漬け（P.122）で
> さっぱり
> お口直しに。

どんぶり **4**

インスタントの
かき玉スープを
合わせて韓国風
セットに。

プルコギ丼 　2～3日

材料（2食分）

にんじん……………………… 3 ㎝
ピーマン……………………… 1個
長ねぎ………………………… 6 ㎝
しいたけ……………………… 2枚
牛もも薄切り肉………………80g
Ⓐ ┌にんにく（すりおろし）… 少々
　 ├しょうゆ、みりん‥各大さじ1
　 └砂糖、ごま油…… 各大さじ½
ごま油…………………… 大さじ½
一味とうがらし……………… 少々
ごはん………………………… 2膳分

1 にんじん、ピーマン、ねぎは3
㎝長さの細切りにし、しいたけは軸
を取って薄切りにする。

2 牛肉は1㎝幅の細切りにし、Ⓐ
をもみ込む。①と混ぜる。

3 フライパンにごま油を熱し、②
を炒める。ごはんにのせ、一味
をかける。

memo
具は2～3日冷蔵保存可。

159

汁もの ①

ミネストローネ （3〜4日）

材料（3〜4食分）

キャベツ……………………… 2枚
玉ねぎ……………………………¼個
じゃがいも………………… 1個
にんじん………………………¼本
ベーコン…………………… 1枚
ホールトマト缶……………¼缶
Ⓐ ┌ 水……………………… 3カップ
　 │ スープの素……………… 1個
　 │ 塩………………………小さじ⅓
　 └ こしょう………………… 少々
オリーブ油 …………大さじ1

1 キャベツ、玉ねぎ、じゃがいも
　は1cm角、にんじんは7mm角に
　切る。じゃがいもは水にさらし
　て水気をきる。
2 ベーコンは1cm角に切る。
3 鍋にオリーブ油を温め、①、②
　をしっかり炒める。トマト缶を
　加え、実をつぶしながら1〜2
　分炒める。Ⓐを加え、約15分煮
　る。

memo ◀

スープジャー（→P.164）での持ち運びOK。

汁もの ❷

野菜汁 （3〜4日）

材料（3〜4食分）

大根	3cm
にんじん	¼本
里いも	2個
ごぼう	10cm
油揚げ	½枚
だし	3カップ
みそ	大さじ3
ごま油	大さじ1

1 大根、にんじんは1cm厚さのいちょう切り、里いもは皮をむいて半月切り、ごぼうは皮をこそげて2cm長さの斜め切りにする。油揚げは熱湯をかけ、長さを半分にして細切りにする。

2 鍋にごま油を熱し、①をしっかり炒める。だしを加え、蓋をして約15分煮る。

3 みそを溶き入れる。

memo

だしは、にぼしやかつおで濃いめにとるとおいしい。スープジャー（→P.164）での持ち運びOK。

161

即席スープ ①

梅めかぶ汁

材料（1食分）

めかぶとろろ……… 小1パック
梅干し……………………………½個
けずりがつお、しょうゆ
………………………………各少々
熱湯……………………… 150㎖

1 材料をカップに入れ、分量の湯
　を注ぐ。梅干しをほぐしながら
　混ぜる。

memo ◁▭

めかぶとろろは味つき、味なしどちら
でも。しょうゆで調節して。

即席スープ ②

青菜わかめ汁

材料（1食分）

青菜（ゆでたもの）……… 1株分
わかめ（乾燥）…………小さじ1
だしの素または昆布茶
…………………………小さじ⅓
みそ………………………… 大さじ¾
熱湯……………………… 150㎖

1 青菜は2㎝長さに切る。
2 材料をカップに入れる。分量の
　湯を注いで混ぜ、みそを溶かす。

あつあつ
おいしい！

第5章

スープジャー弁当

保温機能にすぐれたスープジャーを使った

具材を入れて直接熱湯を「注いでつくるスープ」と

朝に温めるだけの「つくりおきスープ」です。

スープジャーで
野菜たっぷりスープ弁当

1 熱々をキープ！

保温機能にすぐれたスープジャーなら、おいしい温度を保つことができます。つくりおきのスープ(P.169〜)を朝加熱してスープジャーに注げば、ランチタイムまで熱々です。

2 湯を注ぐだけでもつくれる

熱の通りやすい食材なら、生のままスープジャーに入れて熱湯を注ぐだけ。3〜5時間かけて保温機能でじんわりと熱が入り、おいしいスープになります(P.166〜)。きのこ汁だって、リゾットだって、朝に用意すれば、ランチタイムには食べごろです。

野菜たっぷりスープ

主食になる炭水化物

ごはん

パン

3 気軽に野菜を取れる

生野菜より、加熱した野菜のほうが量を多く食べられます。水溶性のビタミンやミネラルは煮汁に溶け出してしまいますが、煮汁ごといただくスープなら、溶け出した栄養素まであますことなく取れます。

「うまみ食材」でもっとおいしく！

野菜だけのスープは、どこか味気ないもの。なるべく、肉や卵、油揚げなど、うまみを出してくれる食材を意識して加えましょう。特に、湯を注いでつくるスープは煮たスープより味が混ざり合わないため、プラスしたうまみ食材がぐっとスープをおいしくしてくれます。

● スープジャーのルール

● 「注いでつくるスープ」は、調理してから3〜5時間後に食べごろを迎えます。それ以前では加熱が足りず、6時間以降では食材が悪くなってしまうこともあるので、ぜひ食べごろに召し上がってください。

● 本書では、300mlのスープジャーを使用しています。容量によって、材料の量を調整してください。また、写真ではスープが見えやすいように多めに入れていますが、実際は9分目(容器の内側にある凸面から1cm下まで)にしておきましょう。

● やけどに注意し、スープジャーを直火にかける、電子レンジにかける、冷凍庫に入れることはやめてください。詳しくは、スープジャーについている取扱説明書の使用方法、お手入れ方法に従ってください。

スープジャーの基本的な使い方

● 湯を注いで保温調理する(→P.166〜)

具を入れる
小さく切った具をスープジャーに入れる。

2 熱湯を注ぐ(1回目)
熱湯180mℓをスープジャーに注ぎ、中の温度を上げる。

3 蓋を閉める
最後までキュッと蓋をして、約1分待つ。

湯ぎりする
具がこぼれないように蓋で押さえながら、湯を捨てる。

5 調味する
調味料を加え、味つけする。

6 熱湯を注ぐ(2回目)
熱湯180mℓをスープジャーに注ぎ、蓋をする。3〜5時間後が食べごろ。

● つくりおきスープを保温する(→P.169〜)

熱湯を注ぐ
熱湯180mℓをスープジャーに注ぎ、中の温度を上げる。

2 蓋を閉める
最後までキュッと蓋をして、約1分待つ。

3 スープを再加熱する
鍋のつくりおきスープを火にかけ、再加熱する。

湯を捨てる
スープジャーの湯を捨てる。

5 スープを入れる
小さなお玉やレードルで、鍋のスープをスープジャーに入れる。

6 蓋を閉める
最後までキュッと蓋をする6時間以内に食べる。

注いでつくる
スープ

スープジャーに具材を入れ、熱湯を直接注いでつくる
スープです。朝に用意して、昼には食べごろ。野菜だけ
でなくうまみ食材を入れ、味わいを深くつくりましょう。

野菜と卵のスープ

材料（1食分）

ミニトマト‥‥‥‥‥‥‥‥‥ 3個
玉ねぎ‥‥‥‥‥‥‥‥‥‥‥ 1/8個
ピーマン‥‥‥‥‥‥‥‥‥‥ 1/2個
卵‥‥‥‥‥‥‥‥‥‥‥‥‥ 1個
Ⓐ ┌ スープの素‥‥‥‥‥ 小さじ2/3
　 └ 塩、こしょう‥‥‥‥ 各少々
熱湯‥‥‥‥‥‥‥‥‥ 180mℓ×2

1 ミニトマトはヘタを取る。玉ね
　ぎは薄切り、ピーマンは種を
　取って細切りにする。
2 卵は常温にもどしておく。
3 ジャーに①を入れ、熱湯を注ぐ。
　蓋をして約1分経ったら、湯だ
　け捨てる。
4 卵を割り入れ、Ⓐを手早く入れ
　る。熱湯を入れて蓋をする。

memo

冷蔵庫から出してすぐの卵は冷たく、
ジャー内の温度が下がるので、常温に
おくか湯に少しつけてから割り入れる。

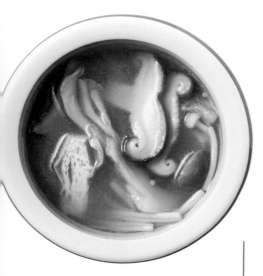

きのこ汁

材料（1食分）

お好みのきのこ（えのきだけ、
しめじ、しいたけ、まいたけなど）
…………………………… 計100g
油揚げ……………………… ¼枚
Ⓐ┌和風だしの素……… 小さじ½
  └みそ………………… 小さじ2
熱湯…………………… 180mℓ×2

1 きのこは石づきを落とす。しめ
  じ、まいたけは小房に分け、え
  のきは3cm長さに切り、しいた
  けは5mm厚さに切る。油揚げは
  2cm長さの細切りにする。
2 ジャーに①を入れ、熱湯を注ぐ。
  蓋をし、約1分経ったら湯だけ
  捨てる。Ⓐを手早く入れ、熱湯
  を注いで蓋をする。

キャベツと
ベーコンのスープ

材料（1食分）

キャベツ…………………… 1枚
にんじん…………………… 2cm
玉ねぎ……………………… ⅛個
しょうが…………………… 1かけ
ベーコン…………………… ½枚
Ⓐ┌スープの素……… 小さじ½
  │中濃ソース………… 小さじ1
  └こしょう…………… 少々
熱湯…………………… 180mℓ×2

1 キャベツは芯を取り、5mm幅の
  細切り、にんじんは3cm長さの
  せん切り、玉ねぎは薄切りにし
  て長さを半分にする。しょうが、
  ベーコンはせん切りにする。
2 ジャーに①を入れ、熱湯を注ぐ。
  蓋をし、約1分経ったら湯だけ
  捨てる。Ⓐを手早く入れ、熱湯
  を注いで蓋をする。

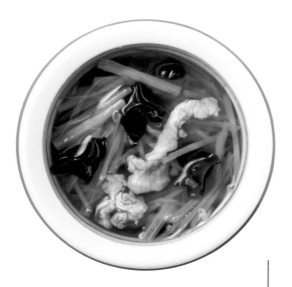

野菜リゾット風

材料（1食分）

コーン（缶）…………… 大さじ2
パプリカ（赤）…………… 1/8個
玉ねぎ…………………… 1/8個
米………………………… 大さじ2
┌ スープの素………… 小さじ2/3
│ 塩、こしょう………… 各少々
Ⓐ オリーブ油………… 小さじ1
└ 粉チーズ…………… 小さじ2
熱湯…………………… 180ml×2

1 パプリカ、玉ねぎは粗みじん切りにする。米はさっと洗う。
2 ジャーに①とコーンを入れ、熱湯を注ぐ。蓋をし、約1分経ったら湯だけ捨てる。Ⓐを手早く入れ、熱湯を注いで蓋をする。

memo ◁

米にゆっくりと火が入り、かんたんリゾット風に。

すっぱ辛いスープ

材料（1食分）

にんじん…………………… 2cm
長ねぎ……………………… 6cm
豚バラ薄切り肉、豚こま肉など
……………………………30g
Ⓐ塩、酒、片栗粉………… 各少々
きくらげ…………………… 2g
┌ スープの素………… 小さじ1/2
Ⓑ しょうゆ、酢…… 各小さじ1
└ ラー油…………………… 少々
熱湯…………………… 180ml×2

1 にんじん、ねぎは2cm長さのせん切りにする。豚肉は5mm幅の細切りにし、Ⓐをまぶす。
2 ①を耐熱容器に入れ、ラップをかけて電子レンジで1〜2分加熱する。
3 きくらげはたっぷりの水でもどし、かたいところを取って小さくちぎる。
4 ジャーにきくらげを入れ、熱湯を注ぐ。蓋をし、約1分経ったら湯だけ捨てる。②、Ⓑを手早く入れ、熱湯を注いで、蓋をする。

つくりおき
スープ

時間のあるときにたっぷりスープをつくっておけば、朝に温めるだけで1食分のお弁当が完成します。具材のおいしさが溶け合い、栄養もたっぷりいただけます。

2〜3日

ごろごろ野菜の
カレースープ

材料（4食分）

じゃがいも	2個
にんじん	1/3本
玉ねぎ	1/2個
ピーマン	2個
ソーセージ	4本
Ⓐ スープの素	1個
カレー粉	小さじ1
塩	小さじ1/4
こしょう	少々
水	3 1/4カップ
オリーブ油	大さじ1

1 じゃがいもは皮をむき、4〜6つに切る。にんじんは1cm厚さの輪切り、玉ねぎは1cm幅のくし形にし、長さを半分に、ピーマンはヘタと種を取り、乱切りにする。ソーセージは1.5cm長さに切る。

2 鍋にオリーブ油を熱し、①を炒める。Ⓐを加え、10〜15分煮る。

3 ジャーに熱湯180mℓ（分量外）を注いで蓋をする。約1分経ったら湯を捨て、②を入れて蓋をする。

(2〜3日)

すいとん風野菜たっぷり汁

材料（4食分）

大根	3㎝（100g）
里いも	2個
にんじん	4㎝
まいたけ	1パック
長ねぎ	10㎝
小麦粉	80g
水	¼カップ
⌈ だし	3½カップ
Ⓐ 塩	小さじ½
⌊ しょうゆ、酒	各大さじ1
ごま油	大さじ½

memo

すいとんは小麦粉を水で練るだけなので簡単。あればトックを使ってもOK。ぐっと食べごたえのあるスープになる。

1 大根は5㎜厚さのいちょう切り、里いもは皮をむき、ひと口大の乱切り、にんじんは半月切り、まいたけは小房に分ける。ねぎは小口切りにする。

2 小麦粉に分量の水を入れて、よく混ぜる。

3 鍋にごま油を熱し、①を炒める。全体に油が回ったらⒶを入れ、沸騰したらアクを取り弱火で約10分煮る。

4 ②をスプーンで落とし、上に浮くまで4〜5分煮る。

5 ジャーに熱湯180㎖（分量外）を注いで蓋をする。約1分経ったら湯を捨て、④を入れて蓋をする。

クラムチャウダー

材料（4食分）

じゃがいも………………… 1個
玉ねぎ……………………1/2個
ベーコン………………… 1枚
水…………………… 1 1/4カップ
あさり水煮缶…… 1缶（約130g）
スープの素………………… 1個
牛乳…………………… 1 1/2カップ
Ⓐ 塩、こしょう、パセリ（乾燥）
 …………………………各少々
サラダ油……………… 大さじ1/2

1 じゃがいもは皮をむいて1cm角
 に、玉ねぎも1cm角に切る。
2 ベーコンは2cm長さの細切りに
 する。
3 鍋に油を熱し、①、②を炒める。
 野菜が透き通ってきたら分量の
 水を入れ、5〜6分煮る。汁ご
 とのあさり、スープの素、牛乳、
 Ⓐを加え、ひと煮立ちしたら火
 を止める。
4 ジャーに熱湯180㎖（分量外）を
 注いで蓋をする。約1分経った
 ら湯を捨て、③を入れて蓋をす
 る。

お手軽豚汁

材料（4食分）

里いも……………… 3個（200g）
長ねぎ…………………… 10cm
にんじん…………………1/3本
しめじ …………………… 1パック
豚バラ薄切り肉……………80g
だし………………… 3 1/4カップ
みそ……………………… 大さじ3
ごま油……………………小さじ1

1 里いもは皮をむき、ねぎととも
 に1cm厚さの輪切りにする。に
 んじんは1cm厚さの半月切りに
 し、しめじは小房に分ける。豚
 肉は2cm幅に切る。
2 鍋にごま油を熱し、①を炒める。
 だしを加え、約15分煮る。みそ
 を加えて溶きほぐす。
3 ジャーに熱湯180㎖（分量外）を
 注いで蓋をする。約1分経った
 ら湯を捨て、②を入れて蓋をす
 る。

(2〜3日)

白菜と鶏肉のスープ

材料（4食分）

白菜	2枚（150g）
長ねぎ	10cm
しいたけ	2枚
緑豆春雨	15g
鶏もも肉	100g
Ⓐ しょうが汁	小さじ1
塩	少々
片栗粉、酒	各小さじ2
水	3½カップ
スープの素	1個
Ⓑ 塩	小さじ¼
こしょう、ごま油	各少々

1 白菜は1cm幅の細切り、ねぎは斜め薄切り、しいたけは薄切りにする。春雨はたっぷりの湯に2〜3分つけてもどし、ざく切りにする。

2 鶏肉は細切りにし、Ⓐをもみ込む。

3 鍋に分量の水、スープの素を入れて火にかけ、沸騰したら鶏肉を入れる。アクを取り、①、Ⓑを入れ、約10分煮る。

4 ジャーに熱湯180㎖（分量外）を注いで蓋をする。約1分経ったら湯を捨て、③を入れて蓋をする。

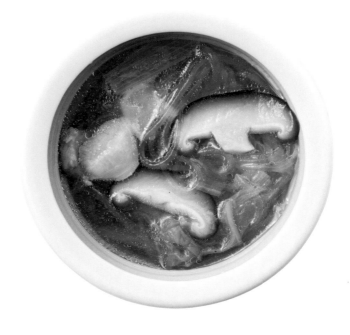

お弁当を
おいしく安全に
つめるコツ

理器具は清潔に
弁当をつめる前に、手をよく
いましょう。調理器具もきれ
に洗ったものを使います。食
用のアルコールで消毒するの
有効です。お弁当箱は蓋の
ッキンも外して汚れを落とし
しょう。

める前に加熱する
くの菌は人肌に近い温度で
っとも増殖しやすく、10℃以
で増殖停止、75℃以上で死滅
るといわれています。
熱調理したつくりおきのおか
は、つめる前に再加熱しま
ょう。電子レンジを使うとき
途中で何度かかき混ぜて、中
でしっかり火を通しましょう。
げ物や焼き魚はオーブントー
ターを使うとカリッと仕上が
ます。

熱いものは冷ます
加熱したおかずは、よく冷まし
てからお弁当箱につめましょう。
熱いままつめると、中に湿気と
熱がこもって、菌が増殖しやす
くなってしまいます。
ごはんは冷たいとつめにくいの
で、空のお弁当箱にあらかじめ
よそって冷ましておきましょう。

水気はよくきる
菌は水分が大好きです。おかず
の水気は、よくきってからお弁
当箱につめましょう。
箸で持ち上げてしずくをきった
り、ペーパータオルで水気を拭
き取るとよいでしょう。

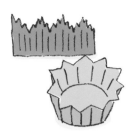

味が混ざらないように
水気の多いおかずや、味移りし
やすいおかずは、仕切りやカッ
プを使って味や色が混ざらない
ようにしましょう。カレーやシ
チューなどのとろみのあるおか
ずは、密閉できる別容器に入れ
て持っていくとよいでしょう。

暑い季節は
保冷剤をおともに
梅雨や夏は、特に食中毒が心配
な季節です。火を入れていない
生野菜や果物を持っていくとき
は、保冷剤と一緒に保冷バッグ
に入れるようにしましょう。

おいしさと安全を保つ冷蔵方法

保存容器は清潔に

おかずを保存する容器は、清潔な蓋つきのものを選びましょう。乾燥や菌の侵入を防ぐことができます。

ホーローやガラス製のものなら、においや色が容器に移る心配がありません。ただし、ホーローは電子レンジにかけられないので注意。ガラス製、プラスチック製のものはレンジもOKです。

漬け込みには ポリ袋が便利

漬け汁に漬けるおかずは、容器よりもポリ袋に入れると便利です。漬け汁が少なくても、袋が具材に合わせて形を変えるので、しっかり漬かります。食品に使える厚手のものを選びましょう。

ペーパータオルに水分・油分を吸わせる

ゆで野菜を保存するときは、ペーパータオルを容器の底に敷いておくと、野菜が水を吸って水っぽくなるのを防げます。

揚げ物の保存も、ペーパータオルを敷いておけば余分な油をカットでき、べちゃべちゃした食感を緩和します。

2〜3日に一度、再加熱を

加熱調理したおかずの場合、2〜3日に一度は再加熱して、菌の増殖を防ぎましょう。お弁当をつくるときに保存容器ごと電子レンジで加熱し、取り出して冷めたら、一部をお弁当に、残りを冷蔵庫に戻せば一石二鳥です。

食材ごとの冷蔵の注意点

肉

ドリップといわれる水分は、そのままにすると悪くなりやすいため、拭き取る。空気に触れると酸化や菌の増殖が進むので、ラップで包み、密閉袋に入れる。

魚

水気を拭いてラップで包み、密閉袋に入れる。一尾魚の場合は、あらかじめ内臓やエラ（必要なければ頭も）を取り除いて、血などの汚れをしっかり洗い流しておく。

野菜

給湯器から出る50℃の湯で洗い、水気をよくきってからポリ袋に入れ、成育中に近い向きで保存する。丸ごとのいも類や玉ねぎ、かぼちゃは常温でOK。

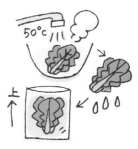

おいしさと安全を保つ冷凍方法

素早く凍らせる

おいしさを保つには、急速で凍らせることが大切です。加熱したものはしっかり冷ましてから凍らせましょう。食材は外側から凍っていくので、調理の際は食材を小さめに切り、冷凍するときは薄く広げましょう。熱を伝えやすい金属製のバットやアルミホイルを使うとより早く凍ります。

なるべく空気に触れないように

冷凍庫内で食材が空気に触れると、霜がついたり、冷凍独特のにおいがつき、おいしさが損なわれます。ラップで包んだり、密閉袋に入れるなどして、なるべく空気に触れないようにしましょう。

小分けに冷凍する

使う分だけ解凍できるよう、小分けに冷凍しましょう。薄切り肉や魚は重ならないよう、並べて冷凍しておくと便利です。一度バラバラに凍らせれば、まとめて袋に入れてもくっつかず、使う分だけ取り出せます。

1か月を目安に食べきる

冷凍庫に入れているからといって、いつまでも鮮度が保てるわけではありません。生の食材は2〜3週間、加熱調理したものも1か月を保存の目安にしましょう。袋や容器に食材名と日付を書いたシールを貼っておくと、期限を忘れずにおいしく食べきることができます。

冷凍しておくと便利な食べ物

● 鮭、ステーキ用の肉
安売りのときに多く買って、1切れずつ冷凍。おかずに困ったら焼く。

● あさり
3％の塩水で砂抜きし、水気をよくきってから冷凍。酒蒸しや、パスタの具に。みそ汁の具にすれば、魚介のうまみが出てだしいらず。

● 油揚げ、ちくわ
売られている袋のまま冷凍。汁物や炒め物、煮物の具にするとうまみアップに。半解凍でサクサク切れるのも便利。

● ちりめんじゃこ
薄く広げて冷凍しておく。ゆでた青菜にのせたり、卵焼きの具に。

● かぼちゃをチンしてつぶしたもの
一度に食べきれないかぼちゃは電子レンジで加熱し、つぶしてから小分けして冷凍。サラダやスープに。

● 刻みねぎ
長ねぎや万能ねぎなどは、たくさん小口切りにして保存しておくと凍ったままさっと使える。冷や奴やみそ汁の具に。

● おろししょうが
すりおろしたしょうがを平らに広げて冷凍しておくと、使う分だけ折って使える。刺身の薬味や肉の下ごしらえなどに。

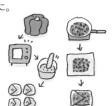

上手な 解凍方法

冷蔵庫に移す

時間があれば、冷蔵庫での解凍が一番。冷蔵庫でゆっくり時間をかけて解凍したほうがドリップ（水分）が出にくく、おいしさを保てます。解凍時間は半日〜1日が目安。金属製のバットにのせると、比較的早く解凍が進みます。

電子レンジで

手早く解凍したい場合は、電子レンジを使用。生肉や生魚は

＊注意

一度解凍したものを再冷凍するのは避けましょう。おいしさを損なうだけでなく、菌の増殖につながる可能性があります。

ペーパータオルを敷いて、ドリップを吸収させましょう。解凍モード、または200W前後の弱モードで加熱します。ムラにならないよう、途中で上下を返したり向きを変えるといいでしょう。

流水をかける

時間がないときは、密閉袋に入れたまま水をかけましょう。冷蔵庫に入れるよりも早く解け、おいしさを保ちやすいです。

火にかける

あさりなどの貝類やすでに調理してあるゆで野菜などは、冷凍のまま加熱します。揚げ物の解凍にはオーブントースターを使うと、サクッとした食感がよみがえります。

だしの とり方

材料（だし500mℓ）

水 ……………………… 3カップ
昆布 ……………………… 5㎝
けずりがつお ……………… 10g

保存方法

冷蔵庫で2〜3日。冷凍も可。多めにとって1回分ずつポリ袋に小分けするのも便利。

1 昆布はペーパータオルなどで軽くほこりを取り、分量の水に30分以上つける。

2 弱火にかけ、沸騰直前に昆布を取り出す。

3 けずりがつおを加え、再び沸騰してきたら火を止める。

4 2〜3分おき、ザルにペーパータオルなどを敷いてこ

オススメ！
お弁当おかず 組み合わせ10

卵焼きやから揚げメインの定番弁当から、野菜たっぷりヘルシー弁当、ボリューム満点の豪華弁当、低カロリーのうまみたっぷり弁当、彩り豊かなガッツリ弁当など、いろいろな組み合わせをご紹介します。ぜひ、お弁当箱へのつめ方も参考にして。

1 黄金の卵焼き弁当

おかず3品

コメント

黄金色に輝く卵焼きが主役のお弁当。鶏肉たっぷりの筑前煮をこくうまサブにし、メインのボリューム不足を補います。でもこれだけでは緑色が足りません。そこでさっぱりサブを青菜のおかずにして、色と栄養のバランスを整えました。こんな和風のお弁当には、梅干しがよく合います。

メインのおかず
かにかま入り卵焼き ▶ P.84

さっぱりサブ
青菜の韓流ナムル ▶ P.139

こくうまサブ
筑前煮 ▶ P.86

2 疲れ吹き飛ぶ元気弁当

おかず3品

コメント

豚肉のしょうが焼きをしそ巻きにアレンジ。豚肉の持つビタミンB₁の力で、疲れが和らぎます。こっくりしたかぼちゃの煮物は、冷めてもおいしくほっとする味。さっぱりサブにごぼうサラダを選び、食感の変化を加えました。よくかむことで頭がすっきりリフレッシュします。それぞれ個性の違う味つけですが、仕切りを使えば味が混ざらず、おいしく食べられます。

メインのおかず
しそ巻きしょうが焼き ▶ P.27

こくうまサブ
かぼちゃのほっくり甘煮 ▶ P.91

さっぱりサブ
ごぼうのシャキシャキサラダ ▶ P.121

3 定番の からあげのり弁 おかず 3品

コメント

みんな大好き、お弁当の定番、のり弁です。のり弁のつくり方はいろいろありますが、ここではけずりがつおにしょうゆを染み込ませてごはんにのせ、上からのりを重ねました。おかずのスペースが足りないときは、思いきってごはんの上にのせてもOK。ボリュームアップするうえ、食欲をそそる見栄えになります。

メインのおかず
鶏のから揚げ ▶ P.36

こくうまサブ
さつまいものレモン煮 ▶ P.93

さっぱりサブ
コールスロー ▶ P.122

4 少ないおかずでも 幸せ弁当 おかず 2品

メインのおかず
濃厚ビーフストロガノフ ▶ P.55

さっぱりサブ
にんじんサラダ ▶ P.129

コメント

おかずは2品でも、しっかりした味つけのビーフストロガノフがメインなら、十分な食べごたえがあります。メインに濃厚なうまみがある分、サブにはあっさりした洋風サラダを合わせてバランスをとりました。汁物のおかずは、密閉できるお弁当箱が安心ですカレーやシチュー、スープなども入れられるので、密閉タイプのものがひとつあるとお弁当の幅が広がります。

5 ボリュームたっぷり 豪華弁当

おかず 4品

コメント

「今日はいっぱい食べるぞ！」という日の4品おかずのお弁当。ごはんにいり卵と肉みそをのせ、2色弁当にしました。ほんのり甘い卵が、甘辛い肉みそとよく合います。大根のコチュジャン炒めがピリッとしたアクセント。箸休めには、もやしサラダをシャキシャキッとどうぞ。

メインのおかず①
中国風肉みそ ▶ P.56

さっぱりサブ
もやしサラダ
▶ P.134

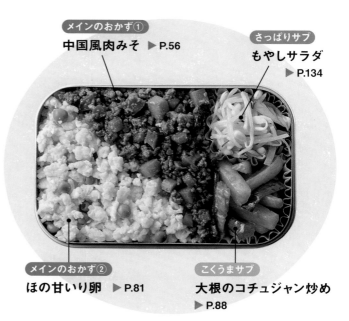

メインのおかず②
ほの甘いり卵 ▶ P.81

こくうまサブ
大根のコチュジャン炒め
▶ P.88

6 ピーマン肉づめ ボリューム弁当

おかず 3品

コメント

ピーマンの肉づめを主役にしたお弁当です。ガッツリ食べてもカロリー控えめなのが嬉しいポイント。色の濃い野菜と薄い野菜を合わせると栄養バランスが整いやすく、そのお手本ともいえる組み合わせです。枝豆のコリッとしたいい食感がアクセントになっています。

メインのおかず
ピーマンの肉づめ焼き
▶ P.63

さっぱりサブ
さつまいもと枝豆のサラダ
▶ P.125

こくうまサブ
にんじん
スープグラッセ
▶ P.101

7 おなかスッキリ弁当

おかず3品

コメント

低脂肪な白身魚は、ダイエットの強い味方。ブロッコリー、オクラ、れんこんに含まれる食物繊維はお通じを促し、余分な脂肪の排出を助けてくれます。汁気の多いおかずは、水気をよくきり、カップなどに入れてつめると、味が混ざらずおいしく食べられますよ。

メインのおかず
白身魚とブロッコリーのチーズ風味
▶ P.75

こくうまサブ
オクラのカレー煮
▶ P.101

さっぱりサブ
れんこんとハムのサラダ
▶ P.134

8 チキンロールのっけ弁当

おかず3品

コメント

チキンロールを大胆にごはんにのせました。どんぶりのような感覚で、甘辛いたれが染みたごはんもおいしくいただけます。こくうまサブはツンとわさびをきかせ、さっぱりサブはゆかりの酸味を活かして、交互に食べれば最後まで飽きないお弁当に仕上げています。

メインのおかず
チキンロール ▶ P.44

こくうまサブ
玉ねぎと豚肉のわさびマヨネーズあえ
▶ P.99

さっぱりサブ
ピーマンのゆかり風味
▶ P.130

**低カロリー&
うまみたっぷり弁当**

おかず
3品

コメント

野菜しか入っていない？
いえいえ、れんこんの間にえびを
サンドしています。見た目通りの
低カロリーなお弁当ながら、えび
の滋味とプリプリ食感が満足度を
高めてくれます。切り干し大根と
干ししいたけのこくうまサブも、
うまみの宝庫。みずみずしいきゅ
うりの甘酢漬けを箸休めにし、味
わいにメリハリをつけました。

メインのおかず
えびとれんこんのソテー
▶ P.74

さっぱりサブ
きゅうりの甘酢漬け
▶ P.117

こくうまサブ
切り干し大根の煮物
▶ P.108

メインのおかず
肉だんごとなすの甘酢あん ▶ P.59

こくうまサブ
ブロッコリーのたらこ炒め
▶ P.99

さっぱりサブ
にんじんのナムル
▶ P.129

10 **いろどりよし！
ガッツリ弁当**

おかず
3品

コメント

緑・オレンジ・黄・紫・茶と、
5色そろったいろどり豊か
なお弁当です。肉だんごも
入って食べごたえ十分です
が、野菜にボリュームを持
たせているため、低カロ
リーに仕上がっています。
たっぷりのブロッコリーも、
たらこをまぶせばペロリ。
メインが濃厚な分、さっぱ
りのにんじんナムルでバラ
ンスをとっています。

つくっておくと便利な合わせ調味料

手づくりの調味料には、市販品にはない「家庭の味」があります。レシピを参考に、自分好みの「わが家の味」をつくってみてください。小ビンに保存しておくと便利ですよ。

ポン酢 （1〜2週間）

材料 (つくりやすい分量)

レモン汁……………… 大さじ1
酢、みりん ………… 各大さじ½
しょうゆ……………… 大さじ2

＊すべての材料を混ぜる

使い方

ゆで野菜にかける。野菜は青菜、もやし、きのこ、にんじんなど好みで。豚しゃぶのつけだれに。ノンオイルドレッシングとしても。

ゆずこしょうポン酢 （1〜2週間）

材料 (つくりやすい分量)

ゆずこしょう、砂糖‥各小さじ1
酢、しょうゆ ……… 各大さじ2

＊すべての材料を混ぜる

使い方

ゆで野菜にかける。大根やかぶ、キャベツなどアクの少ない野菜に合う。豚しゃぶのつけだれに。から揚げのつけだれに。蒸した白身魚にかける。オリーブ油と混ぜてドレッシングに。

ごまだれ （7〜10日）

材料 (つくりやすい分量)

すりごま……………… 大さじ3
砂糖…………………… 大さじ½
みりん………………… 大さじ
しょうゆ…………… 大さじ1½

＊すべての材料を混ぜる

使い方

ゆで野菜にかける。豚しゃぶのつけだれに。だしを加えてうどん、冷めんのたれに。

ねりごま酢だれ  （1〜2週間）

材料 (つくりやすい分量)

ねりごま……………… 大さじ3
砂糖…………………… 大さじ1
しょうゆ……………… 大さじ2
酢……………………… 大さじ1

＊すべての材料を順に混ぜる

使い方

ゆで野菜にかける。ゴーヤ、春菊などアクの強い野菜にも合う。ゆで鶏、ゆで豚のたれに。

memo

ねりごまは分離しやすいため、砂糖を加えてなじませてから、しょうゆ、酢の順に混ぜる。

梅肉だれ （7〜10日）

材料 (つくりやすい分量)

梅干し ………… 3個(正味25g)
みりん ……………… 小さじ2
酒…………………… 小さじ1
しょうゆ…………… 小さじ½
けずりがつお………………… 2g

＊梅干しは種を取り、包丁でたたく。すべての材料を混ぜる。

使い方

ゆで野菜にかける。塩麹ゆで豚(P.33)につける。おにぎりや即席汁の具に。

めんつゆ （4〜5日）

材料 (つくりやすい分量)

だし(濃いめ)………… 1カップ
しょうゆ、みりん… 各¼カップ

＊材料を合わせ、ひと煮立ちさせる。熱湯消毒したビンなどに入れる。

使い方

煮物、炊き込みごはんの調味に。どんぶりのかけだれに。うどんそばのつゆに。卵とじや肉豆腐のベースに。

memo

甘めが好きな方は、砂糖を小さじ1程度プラスして。

わさびじょうゆ

材料（つくりやすい分量）

りわさび ……… 小さじ½〜1
ょうゆ ……………… 大さじ2
……………………… 大さじ1

すべての材料を混ぜる

い方

で野菜にかける。野菜は青菜、
やし、きのこなどお好みで。刺
のつけだれに。

からしみそ

材料（つくりやすい分量）

みそ………………… 大さじ4
砂糖………………… 大さじ1
みりん……………… 大さじ1
練りからし……… 小さじ½〜1

＊すべての材料を混ぜる

使い方

ゆで野菜につける。じゃがいも、
にんじんなど根菜に合う。ゆで豚、
ゆで鶏、ゆでだこにかける。

五平だれ

材料（つくりやすい分量）

すりごま …………… 大さじ3
みそ………………… 大さじ1
砂糖………………… 大さじ1
しょうゆ …………… 大さじ1
みりん……………… 大さじ½

＊すべての材料を混ぜる

使い方

ゆで野菜につける。焼きもち、焼
きおにぎりにぬる。ゆでこんにゃ
くにつける。

味だれ

料（つくりやすい分量）

味とうがらし………小さじ1
ょうゆ …………… 大さじ2
りん ……………… 大さじ½
……………………… 大さじ1

すべての材料を混ぜる

い方

で野菜、きゅうりなどにかける。
き鶏、蒸し鶏につける。マヨ
ーズと混ぜてゆで野菜にかける。

粒マスタードだれ

材料（つくりやすい分量）

粒マスタード ……… 小さじ2
しょうゆ …………… 大さじ2
酢 …………………… 大さじ½
みりん……………… 大さじ½

＊すべての材料を混ぜる

使い方

ゆで野菜にかける。ゆで豚につけ
る。豚しゃぶのつけだれに。生サ
ラダにも。

しょうがジャム　（1ヶ月）　❄冷凍可

材料（つくりやすい分量）

しょうが、砂糖………各100g
酢……………………… 大さじ½

＊しょうがは皮をこそげ、すり
おろす。鍋にすべての材料を
入れて火にかける。木べらで
鍋底に「—」をかいたとき、線
が残るようになったら火を
止める。熱湯消毒した容器に
入れる。

使い方

豚肉のしょうが焼きや、さんま、
いわしのしょうが煮に。みそや
しょうゆ、マヨネーズと混ぜて、
刺身、ゆで豚、ゆで野菜などにか
ける。湯、紅茶などで割ってホッ
トドリンクにも。

サラダ百変化

いつもの「お弁当のおかず」に飽きたら、サラダはいかが。
野菜やドレッシングの組み合わせをかえれば
100種のサラダに！

ベースの野菜 →レシピは P.186

トマトサラダ

グリーンサラダ

温野菜サラダ

もやしサラダ

こんなお弁当の
付け合わせに…

- カレー
- シチュー
- オムライス
- ドライカレー

- ピラフ
- スパゲティ
- ビーフストロガノフ
- 卵とじかつ丼

- 煮豚丼
- おにぎり
- 肉まん

うまみ食材

ゆで卵

ツナ

チーズ

かにかま

ハム

ドレッシング

→レシピは P.186

❶ 梅ドレッシング

❷ オーロラドレッシング

❸ フレンチドレッシング

❹ 中華ドレッシング

❺ ごまドレッシング

別容器に入れて
おけば、野菜の
シャキシャキ感
キープ！

トマトサラダ

材料（2食分）

トマト ······················· 2個
玉ねぎ ···················· ⅙個
レモン（輪切り）··············· 2枚

1 トマトはくし形、玉ねぎは薄切り、レモンはいちょう切りにする。

グリーンサラダ

材料（2食分）

サニーレタス ················50g
きゅうり ······················½本
グリーンアスパラガス ····· 2本

1 レタスはちぎる。きゅうりは斜め薄切りにする。

2 アスパラは根元を切り落とし、根元に近いかたい部分の皮をむく。4cm長さに切って熱湯でさっとゆでる。

温野菜サラダ

材料（2食分）

にんじん······················ 4cm
大根························· 2cm
じゃがいも···················· 1個
ブロッコリー ········· ¼株（50g）

1 にんじん、大根は乱切り、じゃがいもは皮をむいて4〜6等分にし、ブロッコリーは小房に分ける。

2 鍋にたっぷりの湯を沸かし、塩少々（分量外）を入れ、にんじん、大根、じゃがいもを4〜5分ゆでる。ブロッコリーを加え、色が変わったらザルに取る。

もやしサラダ

材料（2食分）

子大豆もやし················ 1袋
きゅうり ······················½本

1 もやしはできればひげ根を取り、熱湯で3〜4分ゆでる。きゅうりはせん切りにする。

---

❶ 梅ドレッシング

材料（つくりやすい分量）

梅干し（ペースト状）············· 2個
酢····················· 大さじ3
砂糖、しょうゆ··········· 各小さじ1
サラダ油················· 大さじ4

❷ オーロラドレッシング

材料（つくりやすい分量）

マヨネーズ················· 大さじ3
ケチャップ················· 大さじ1
酢····················· 大さじ1
サラダ油················· 大さじ1
こしょう····················· 少々

❸ フレンチドレッシング

材料（つくりやすい分量）

酢····················· 大さじ3
塩····················· 小さじ1
こしょう····················· 少々
サラダ油················· 大さじ4

❹ 中華ドレッシング

材料（つくりやすい分量）

酢····················· 大さじ3
しょうゆ················· 大さじ2
こしょう····················· 少々
ごま油················· 大さじ1½
サラダ油················· 大さじ1½

❺ ごまドレッシング

材料（つくりやすい分量）

すりごま················· 大さじ3
酢····················· 大さじ3
しょうゆ················· 大さじ2
砂糖····················· 小さじ1
サラダ油················· 大さじ3

生野菜のサラダを梅雨〜夏に持っていくときは、保冷剤をつけ保冷バッグに入れるなど、安全に食べられる工夫を忘れずに。

主素材別インデックス

松村眞由子（まつむら まゆこ）

管理栄養士、料理研究家。日本女子大学非常勤講師。大手料理教室で企画・開発を
担当後、独立。2007年から「M cooking studio」主宰。働く主婦としての経験も長い。
料理の得意な管理栄養士として調理科学・栄養学・食品学などの専門知識をふまえた「つ
くりやすく、おいしく体によい料理」を提案。書籍、雑誌、講演などの他、後進の指導に
も力を注いでいる。著書に『おいしいコツがひと目でわかる！きほんの料理』『英語訳つき世
界で人気の和食』（ともに池田書店刊）などがある。

撮影	鈴木正美（studio orange）
撮影協力	重枝龍明（studio orange）
スタイリング	本郷由紀子
イラスト	中小路ムツヨ
カバー・本文デザイン	柳田尚美（N/Y graphics）
編集協力	編集工房桃庵

本書は当社既刊「朝つめるだけ！お弁当生活便利帖」
「朝つめるだけ！野菜たっぷりお弁当生活便利帖」を編
集し、リニューアルしたものです。

朝つめるだけ！
ラクラクお弁当おかず196

著　者	松村眞由子
発行者	池田士文
印刷所	大日本印刷株式会社
製本所	大日本印刷株式会社
発行所	株式会社池田書店
	〒162-0851
	東京都新宿区弁天町43番地
	電話 03-3267-6821（代）
	FAX 03-3235-6672

落丁・乱丁はお取り替えいたします。
©Matsumura Mayuko 2023, Printed in Japan
ISBN 978-4-262-13082-8

[本書内容に関するお問い合わせ]
書名、該当ページを明記の上、郵送、FAX、または
当社ホームページお問い合わせフォームからお送りくだ
さい。なお回答にはお時間がかかる場合がございます。
電話によるお問い合わせはお受けしておりません。ま
た本書内容以外のご質問などにもお答えできませんの
で、あらかじめご了承ください。本書のご感想につい
ても、当社HPフォームよりお寄せください。
[お問い合わせ・ご感想フォーム]
当社ホームページから
https://www.ikedashoten.co.jp/

23000002